歴史文化ライブラリー

505

日本赤十字社と皇室

博愛か報国か

小菅信子

吉川弘文館

目　次

二つの質問――プロローグ

1　二つの質問

極限状況下で

あなたはいま戦場にいる。あなたの部隊は敵の兵士三人を捕虜《ほりょ》にした。この捕虜は、味方の犠牲を確実に減らすことのできる情報をもっているようだ。あなたの上官は、どんな手段を使ってもよいから彼らから情報を得ろとあなたに命令し、拒否したら不服従により銃殺すると言っている。どう対応するか。

この問いは、極限状況で人間の尊厳をいかに保護しうるかを青少年に考えてもらうため、日本や英国の赤十字社が作成した練習問題である。「どんな手段を使ってもよい」というのは拷問《ごうもん》を用いてもよいという意味だ。

国際法は拷問を禁止している。だが命令を拒めば銃殺。どう対応するか。

「銃殺されても拷問しない。」

もっともな対応であろう。しかし、自分が手を汚さないとしても、結局、他の隊員にこの過酷な命令が押し付けられることになるだろう。また、死人に口なしの言葉通り、殺害された後あらぬ濡《ぬ》れ衣《ぎぬ》を着せられ、自ら進んで拷問した人物として言われたい放題になるかもしれない。さらに、郷里の家族は命令違反の汚名を着せられるだろう。

「銃殺されるくらいなら捕虜を拷問する。」

これも、ある意味、人間臭い対応だ。おのれの良心を守るために誰もが銃殺されることを望むわけではない。しかし、これは明らかな戦争犯罪である。もし自国軍が敗北したときには、あるいはこの蛮行が暴露されたとしたら、戦争犯罪人として糾弾され裁きにかけられるだろう。そして、この非情な命令を強要した上官が国際法は拷問を禁止していることを知らなかった、あるいは知らなかったと言い張れば、いくら上官の命令であったと抗《こう》弁《べん》しても重罪を下されるかもしれない。

「上官に国際法を教える。」

「もっと位の高い上官に相談する。」

「捕虜に事情を話し自白を求める。」

「三人の捕虜のうち一人を拷問して見せしめとして、他の二人に恐怖を与えて情報を引き出す。」

実は、赤十字社の問題集でも断り書きがされている。国際法を守ることが原則であるにせよ、この問題には「これぞ正解」という完璧な答えは用意されていないと。

上官の命令に従うか。おのれの良心に従うか。二つの声のあいだで、かつて多くの日本人が苦悩した。

敵を人間として扱うことは、自分の国と国民を裏切ることにならないか。戦前戦中の日本軍では、上官の命令は天皇の命令だと厳しく教えられていたため、どんなに理不尽であろうと上官の命令に背くことは不可能ないしはきわめて困難だった。

日本兵はまた、捕虜になることを死に値する恥だと教えられていた。日露戦争（一九〇四～〇五年）などで捕虜を厚遇し、国際的な称賛を浴びた日本軍だったが、太平洋戦争（一九四一～四五年）では、同軍の捕虜となった欧米軍将兵のおよそ四人に一人が終戦までに死亡した。

渡辺潔の行動

そんな時代に、敵国軍捕虜の苦痛を少しでも和らげようとした日本人がいた。

当時、香港で軍の通訳として働いていた、渡辺潔もその一人だった（L・ノーラン著、菅野和憲訳『「アンクル・ジョン」と呼ばれた男』いのちのことば社、二〇〇五年）。

渡辺は、上官の目を盗んで医療品や食料、手紙を捕虜に差し入れた。見つかったら受けるはずの刑罰に心底から怯えながら、危険を冒しつづけた。実際、そのような行為が発覚して、拷問を受けたり、処刑されたりした日本人が幾人もいた。

あるとき収容所で、禁制品の地図を隠し持っていたイギリス人捕虜が、「取り調べ室」に呼び出された。こういう場合、ほとんどの者が「二度と戻って来ることがなかった」。捕虜は覚悟を決め、仲間に別れを告げた。

部屋で待っていたのは、渡辺ひとりだった。渡辺は上官から、捕虜が自白するまで「ベルトで打つように」と命令されていた。だが、渡辺は、「打たれてとても苦しんでいるふり」をしてくれればよいと言って何もしなかった。数日間、捕虜は苦しむふりをしながら渡辺のことを思った。渡辺は不安におののきながら、上官に嘘の報告をしたのだろうと。

「ワタナベを祖国日本の裏切り者と考えるのはまったく間違っている。」

彼がどんな恐怖心にさいなまれながら行動しているか、捕虜たちはよくわかっていた。

戦争が終わり、多くの捕虜が「原爆によって救われた」と感じた。一方、敗戦に衝撃を受け、家族の身を案じる渡辺のもとに、故郷から手紙が届いた。そこには、彼の妻と娘の一人が、広島で原爆の犠牲になったとつづられていた。渡辺が受けたショックはどれほど深かっただろう。彼は敵国軍捕虜の一人ひとりの命を救うために命をかけた。その渡辺の愛する家族の命は、敵国軍の無差別大量殺戮兵器によって無残に奪われた。

それから一五年の歳月が過ぎた。一九六〇年十二月、ＢＢＣ（英国放送協会）は渡辺をロンドンに招き、再会番組「ある人生」のなかで彼を紹介した。スタジオに集まった大勢の観客が、渡辺の話に涙を流した。

誤解しないでほしいことは、渡辺の話は軍国美談でもないし戦争こぼれ話でもない。ましてや小説でもフィクションでもないという点だ。

本書が取り組みたい問題の背景には、まさに渡辺と彼のような人物が生と死のはざまで直面してきた、人間ならではの難題が横たわっている。

近代日本と赤十字

近代日本の歴史は、その前半を多くの戦争や武力衝突、出兵によって占められている。ときには日本軍は戦場で勇猛果敢に戦い、降伏する者たちにきわめて寛大であった。しかし、ときには日本軍はまったく違う顔を敵に見せた。敗戦後の日本は長い間「戦争をしない国の赤十字社」という特別な性格と使命を担ってきた。そして、今日、有事法制が整えられ、日本赤十字社の使命も変化しつつある。
右で述べたように、極限状況下で、人間が人間をいかに守ったか・守らなかったのかという問題は、その後の集団間、集団と個人、個人と個人の関係修復に多大な影響をおよぼす。国際関係であっても国内であっても同じである。さらに、戦時や紛争時だけではない。大災害や大事故の後であっても似たような波紋が広がる。他方、戦争にせよ紛争にせよ、あるいは大災害にせよ、国民統合にある種の好機が訪れる。

本編に入る前に、読者の皆様に、もう一つの問いを投げかけたい。これもまた本書を叙述するにあたり根源的な問いかけである。仮の回答案でもよい。そして、本書を一通り読み終わったあとに、もう一度、以下の問題に取り組んでほしい。

問い　あなたは、占領した村の治安を守る責任のある部隊長である。ある日、あなたは部下の兵士二人が、パン屋に押し入り、主人に武器を突きつけてパン数個を奪うのを目撃した。二人に尋問したところ、彼らは「二日間なにも食べていないのです」と釈明した。さて、あなたはこれに対しどのように対応するか。

アジアで最初の赤十字社

昭憲皇太后の簪

緩やかな国民統合の装置として

「遅れてきた帝国主義国家」日本は、欧米列強との不平等条約の改正を目指し、「富国強兵」「万国対峙」を掲げた。黄色人種・非キリスト教国・政治形態の大きな相違からくる「野蛮」なイメージを払拭するため、日本政府は欧化政策をとり、欧米列強と対等に肩をならべる「文明国」になることを悲願として、積極的に西洋文明を取り入れた。そのひとつが赤十字運動すなわち戦場における人道主義の受容であった。

後述するように、日本における赤十字運動の発展にはめざましいものがあった。たとえば、一九〇四（明治三十七）年、日本は白人キリスト教国家のロシアとの国際戦争を宣言した。白人と黄色人種間の史上初の国際戦争であった。

ところが、敗戦国ロシアが賠償金を払わなかったため、講和反対の世論が盛り上がり、焼き討ち事件が東京の日比谷から全国に飛び火した。当時まだ、ロシア人捕虜は日本本土に抑留されていた。しかし、彼らに対する暴行事件はまったく起きなかった。そもそも、日露戦争においては、戦時国際法の許す範囲内で一切の手段を尽くして戦うことが宣戦詔書で謳われていた。各捕虜収容所は温暖かつ風光明媚な場所に設置されていた。名湯道後《どうご》温泉もまたロシア人将校クラスの捕虜に開放され、地元の小学生におせんべいを一袋買って与えるロシア人捕虜もいた。捕虜は地元の人気者であった。小金持ちの捕虜たちは松山で気前よくお金を使い「捕虜景気」に沸き立ったという（才神時雄『松山収容所』中公新書、一九六九年）。

こうしたエピソードは、言葉を換えれば、日本政府の欧化政策が県市町村単位にまで行きわたっていたことの証明であるといえよう。

欧化政策の一環として受容されたゆえに赤十字運動は紆余曲折を経ることになるが、その一方で皇室の特別な保護を得ることで以下に述べるように緩やかな国民統合装置として機能していくことになる。

日本赤十字社をめぐる神話

一八八七年の、前年の赤十字条約加盟につづく日本赤十字社の発足をめぐって、『人道―その歩み　日本赤十字社百年史』（日本赤十字社、一九七九年）に次のような挿話が残されている。

初代社長佐野常民《さのつねたみ》が報告のため昭憲皇太后《しょうけんこうたいごう》（一八四九～一九一四・美子《はるこ》）にお目にかかったとき、日本赤十字社の社章をどうしたらよかろうと迷っていますと申し上げたところ、皇太后は頭にさされていた簪《かんざし》をお示しになって、これに彫りつけてある模様の桐竹鳳凰を使ったらよかろうと仰せにな〔った〕。

赤十字看護大学の学生たちが使うテキスト『増補　人道―日赤のてびき』（「日赤の手引き」刊行委員会、蒼生書房、一九九一年）にも同じエピソードが収載されている。

日本赤十字社の社紋は、日本赤十字社を創立した佐野常民初代社長が、昭憲皇太后（明治天皇の皇后）にお目にかかり、日本赤十字社の記章を戴きたい旨をお願いしたところ、御頭にさされていた〝かんざし〟をお抜きになり、彫刻されていた、桐竹鳳凰の模様がよかろうとのことで、社紋に決められたと伝えられています。

桐・竹・鳳凰の文様は古来、高貴・瑞祥《ずいしょう》の印として、天皇の着衣の模様として用いられたもので、引用の意匠の簪は、正倉院に孝謙《こうけん》天皇（七一八～七七〇）ゆかりの御物《ぎょぶつ》として保管されている。

日本赤十字社に対する皇室の「眷護《けんご》」は、赤十字が日本において迅速な発展を遂げた重要な背景とされてきた。昭憲皇太后の簪が赤い十字を抱擁する日本赤十字社の社章は、非キリスト教国でありキリスト教弾圧の歴史がある日本においては、昭憲皇太后ひいては天皇・皇室なる「万世一系」の「伝統」が西欧キリスト教文明の精華《せいか》を受容し、保護したという連想を意図しているように見える。

のちにも詳しく述べるように、日露戦争における日本軍のロシア人捕虜、同様に第一次世界大戦におけるドイツ人捕虜の厚遇は、戦場の人道化の歴史にてらして画期的な出来事

昭憲皇太后（上田景二編著『昭憲皇太后史』より）

日本赤十字社社章のデザイン（日本赤十字社提供）

であった。しかし、およそ四〇年後の第二次世界大戦における日本軍の捕虜虐待は、ナチの強制収容所における大量殺戮や、東欧戦線における捕虜虐待とならぶ、赤十字国際委員会の「失敗」のひとつに数えられた。

この劇的な落差は、近代日本の「戦場の人道化」への努力と挫折の軌跡を示す。同時に、「白地赤十字章」の日本における受容が、キリスト教ヨーロッパ起源の国際社会に遅れて参入した、異教国日本のナショナリズムと非宗教・宗教、さらに天皇・皇后による国民統合の問題について考える上で、きわめて興味深い事例であることを示唆する。

白地赤十字章

白地赤十字章は、ジュネーブ条約によって作製された保護標章である。赤十字組織とその構成員のシンボルマークであり、中立的な——国家的あるいは宗教的色彩を排除した——ものであることを企図している。白地赤十字のエンブレムは同社の許可を得た車輛や無料救護所についてもその使用が認められる。赤十字組織に直接関わるものだけではなく、軍の医療衛生部はむろん、戦時において、他の分野で献身的な活動をおこなう宗教団体もまた、赤十字標章を使用する権利をもつ。

逆に、商業目的に用いることはできない。微細なことのように思われるかもしれないが、一般病院・薬局はもとより、Tシャツやパーカーのモチーフとして用いるのも国際法違反となる。ましてや、赤十字のエンブレムを掲げながら攻撃・対戦すること、武器を輸送することなどは重い過失となる。

赤十字標章とは何ものなのか――一九四九年ジュネーブ条約において次のように規定されている。

スイスに敬意を表するため、スイス連邦の国旗の配色を転倒して作成した白地に赤十字の紋章は、軍隊の衛生機関の標章及び特殊記号として維持されるものとする。もっとも、赤十字の代りに白地に赤新月《せきしんげつ》又は赤のライオン及び太陽を標章として既に使用している国については、それらの標章は、この条約において同様に認められるものとする。（「戦地にある軍隊の傷者及び病者の状態の改善に関する一九四九年八月十二日のジュネーブ条約（第一条約）」第七章第三八条。「海上にある軍隊の傷者、病者および難船者の状態の改善に関する一九四九年八月十二日のジュネーブ条約（第二条約）」第六章第四一条）

おそらく、日本国内の「赤十字」に関する説明はすべて右の国際条約を根拠としてなされているであろう。しかし、実は、これらの条約文はいわば最もグローバルな歴史認識問題でもある。それはなぜか。

本章「アジアで最初の赤十字社」と次章「昭憲皇太后と赤十字」では、日本における赤十字運動の受容と展開、第二に日本赤十字社の誕生、さらに白地赤十字標章の受容に注目しながら、トルコによる赤新月標章の採択――保護標章の複数化――につづいて創出された赤十字標章の非宗教性の神話と、赤十字条約への加盟と赤十字社の設立につづいて日本において創出された「赤十字（red cross）」の非宗教性の神話との間の齟齬を明らかにすることによって、日本におけるナショナリズムと国民統合について考察を試みる。

赤十字とは何か

最初に、ごく簡潔に、赤十字運動が誕生した背景と経緯を述べておきたい。ヨーロッパでは十九世紀半ば以降、たとえばクリミア戦争（一八五三～五六年）において観察されるような通信技術の進歩と、大衆ジャーナリズムの発達を背景に、戦場と後背地《こうはいち》の質的距離が、劇的に短縮した。いわゆる戦場ジャーナリストが活躍し始めるのがこの時期で、彼らが取材した痛ましい戦場の様相はそのほぼ翌日には新聞に掲載され、食卓をにぎわした。戦場ではこんなに悲惨な出来事が起きているのか。このまま自国の傷病兵を塗炭《とたん》の苦しみのなかに放置していてよいものだろうか。いまなら被害は最小限に押しとどめることができるのではないか。戦場で傷つき病に倒れた自国軍を救えとの声が高まっていった。

そんなとき、クリミア戦争終結から三年目の一八五九年六月、イタリア統一戦争のソルフェリーノ戦が終わった直後、スイス人青年実業家がビジネスがらみでイタリア北西部のロンバルディアを旅していた。彼は、偶然、目の当たりにした傷病兵の置かれた状況の悲惨さゆえに、寝食を忘れて救護活動に没頭した。

彼の名前はアンリ・デュナン（一八二八～一九一〇年）。のちの赤十字提唱者である。デュナンは国会議員を父に、熱心なクリスチャンである母に育てられた。青少年期のデュナンは信仰心が厚く、一八歳になるとジュネーブの公共福祉協会に所属し、貧困や病に苦しむ人々の救済に尽力した。ジュネーブ大学を卒業したのち、銀行員の職を得たものの辞職、ビジネスの世界に入ったばかりであった。

また、デュナンは、クリミア戦争で「白衣の天使」として活躍し英国の国民的英雄となったフローレンス・ナイチンゲール（一八二〇～一九一〇年）の熱烈な崇拝者でもあった。

アンリ・デュナン（日本赤十字社提供）

ソルフェリーノ戦は、三〇万が従軍し、わずか三日のうちに、四万の将兵が死傷し行方不明となった激戦であった。デュナンはむろん戦場ジャーナリストではなかったが、一八六二年自らの体験を綴った『ソルフェリーノの思い出』を自費で出版した。デュナンは自分の経営する会社の業務をすべてうっちゃらかして、同書を熱心に書き記していった。

彼が救護活動をおこなった場所は、戦場からわずか西方に五キロの地点にあった。デュナンは負傷者を前に次のように嘆いた。

> 傷口にへばりつくはえでまっ黒な顔をしたこちらの負傷兵たちは取り乱したまなざしを四方に向けるが、こたえる人もいない。あちらの負傷兵たちのほうは、服と下着と肉と血が、きみの悪い、えたいのしれないかたまりを作りあげ、そこにうじ虫がついている。このうじ虫は空間をわがもの顔にとびまわる数万のはえから生まれるのだが、負傷者の中の多くは自分のからだからわきだしてくるように思い、からだを食いつくされるのではないかと考えて身ぶるいをする。こちらには、顔を全く奇形にしたひとりの兵士がいる。あごがさけ砕けて、下がひどく露出しているのだが、身を動かし、立ち上がろうとする。（アンリー・デュナン著、木内利三郎訳『ソルフェリーノの思い出』日赤会館、一九六九年）

デュナンの叙述はヨーロッパ中を動揺させた。実際、デュナンは、こんな具合に、『ソルフェリーノの思い出』において、「まるで喜んで書いてでもいるように、いたましい場面にまで筆をのばし、こまかすぎてやりきれない」書き方で描写した。その理由は何であったか。デュナンは次のように述べている。

この当然起こるにちがいない疑問にたいしては、さらにこちらも別の質問で答えることを許していただきたい。すなわち、熱心で献身的で、こういう仕事をする資格の十分にある篤志家の手で、戦争のとき負傷兵を看護することを目的とする救護団体を、平和でおだやかな時代に組織しておく方法はないものかと。

戦闘が一度勃発してしまってからでは、交戦者はこの問題を自国と自国の兵士以外の観点から考察しにくくなるため、このような決まりに関して事前に取り決めを結ぶことはますますもって重要となる。人道と文明を有する私たちは、ここで概略を示したような活動に着手するほかはないのだ。（前掲書）

デュナンはあわせて「国際的に神聖な協約として、一つの原則を定めること」を提唱した。もし協約があれば、「生きているものも死んだ者もいっしょに土葬にするという、恐ろしいことのきっかけをつくるようにはならなかったであろう」と彼は考えた。

デュナンの提唱は、「組織」は赤十字として、「神聖な協約」は一八六四年第一回赤十字条約として実現した。

ヨーロッパにおける戦時救護史

ナイチンゲールからデュナンへ

デュナンの『ソルフェリーノの思い出』が十九世紀半ばのヨーロッパ人――たとえば、ビクトル・ユーゴーやチャールズ・ディケンズのような小説家や支配層に衝撃を与え得た背景については、さまざまな説明が可能である。

赤十字運動の発足を一七八九年のフランス人権宣言に遡り、同宣言を思想的源泉として、十九世紀人道主義の精華としてとらえることもできる。人間性の尊重は、同時に、家庭や教育、公衆衛生や障害者福祉、児童福祉とあらゆる領域における改革を促し、一方において、前近代的な慈善のありかたを問い直す思想的素地となった。

西欧諸国における中産階級の成長は、いわゆる慈善活動を、君主や貴族、大ブルジョワジーなど特定の富裕な個人による機会主義的で単発的で多額の寄付や贈与に依存する方式から、中産階級による、より少額ではあるが定期的で広範な寄付にもとづく方式へと移行させた。民間の拠出金による大規模な博愛団体の創設がいまや可能となっていた。

国際関係からみれば、国際協調の展開や国際法の進歩は、国境を越えた戦時救護活動を可能とする下地となっただろう。フランス革命干渉戦争からナポレオン戦争（一七九二／九九～一八一五年）は、ヨーロッパ諸国の陸軍にようやく常設の医療衛生部、陸軍病院や野戦病院を組織させる契機となった。

市民としての権利と従軍の義務が一対のものとして制度化され、さらに、通信技術の大革新と大衆ジャーナリズムの発達が促されることによって、戦場における個々の勇気と自己犠牲を、戦争指導者がひたすら賛美し強調するだけでは、戦死や傷病によっても瓦解しない軍隊は望めなくなっていた。

戦時救護の目的を――それは第一に救命である――いかに効果的に達成していくかが、単に軍事戦略や用兵術の観点からのみならず、国益を確保し、士気という「重要な変数」をできる限り安定させるための重要課題となった。

かくして、クリミア戦争で母国英国のために活躍したナイチンゲールは、国民的ヒロインとなって喝さいを浴びたのである。したがって、傷病兵の救護は彼らが所属する国家の政府の責任であると確信するナイチンゲールは当初、デュナンの提案にあるようなその役割を民間の組織が引き受けることに否定的であった。また、軍医でも衛生部隊の隊員ではなく丸腰の民間人が戦場に赴きそこで活躍できるのかについて懐疑的な人々もいた。

いずれにしても、西欧諸国では、国民統合の進展と社会の民主化に比例して、戦争を文明化し改良していこうとする努力――戦争と戦場の人道化――の要請が高まっていたのである。

赤十字条約の誕生

デュナンは、「戦場に博愛を」もたらすという一見矛盾した課題を、人道とキリスト教という二つの見地から高度の世界的重要性をもつ問題と考えた。赤十字の創始者には熱心なキリスト教者が多かったが、赤十字運動は、西欧近代社会システムの民主化の象徴であると同時に、世俗化の象徴でもあったことを特記しなくてはいけない。

そもそも人々を救うという事業は、ナイチンゲールが確信したように、十九世紀にはすでに国家に属するものになっていた。近代ヨーロッパにおいて、戦場の博愛を欲した者は、神よりも、戦場で苦しむ者の近親者、そして隣人であった。彼らは、魂の救済のためでも宗教的積善のためでもない、ひたすら〈無益な〉苦しみと死の不安から、愛する者や隣人が解放されることを欲した。

このようなデュナンの提案は、主権国家のおこなう戦争は合法的であると考えられていた時代にあって、ヨーロッパの王室、貴族や支配層さらに軍人、博愛思想家などから共感を得た。そして、その提唱を実現するべく、中立国スイスのジュネーブでデュナンを含む五人の委員会が発足した。すなわち「負傷者救護国際委員会」（通称、「五人委員会」）である。「五人委員会」はデュナン、法律家のギュスターブ・モワニエ、医師のルイ・アッピアならびにテオドア・モノワール、スイス軍元司令官のアンリー・デュフールで構成されていた。この組織が、今日の赤十字国際委員会の嚆矢《こうし》となった。

赤十字国際委員会とは、赤十字の基本原則――人道、公平、中立、独立、奉仕、単一、普遍性――にしたがって事業をおこなうスイスの法人で、ジュネーブ諸条約および赤十字国際委員会議によって正式に承認された独立の非政府機関として国際赤十字の一部を構成する。その任務は、基本原則の維持、赤十字社創設の承認、ジュネーブ諸条約に対する違反申立、戦時における軍人・文民の保護と援助、捕虜の安否等に関する情報収集、戦時において軍の衛生機関および所轄官憲と協力し衛生対策を遂行する、国際人道法の普及などがあげられ、財政的には、各国赤十字および各国政府の拠出金、寄付金、遺贈、証券などの収入に依存する。

「五人委員会」に率いられ、一八六三年十月にジュネーブで国際会議が開催された。同

アッピア

デュフール

モワニエ

モノワール

五人委員会のメンバー（除くデュナン，日本赤十字社提供）

会議で採択されたのは「赤十字規約」である。翌一八六四年八月には、一六ヵ国の政府代表が集まり、「戦地軍隊ニ於ケル傷者及病者ノ状態改善ニ関スル条約」が締結された。いわゆるジュネーブ条約（赤十字条約）の起源である。ここに初めて、傷病兵の保護を定めた国際条約が誕生したのである。このようにして、戦地における傷病兵の救護という人道理念は多くの政府の共感をえることになった。

しかし、戦場しかも前線において正規軍と民間団体が協働するのは現実的とは言えなかった。正規軍の主要兵力はいわば職業軍人に率いられる、一定の訓練を受けた武装兵であった。他方、赤十字スタッフには軍隊生活を必ずしも経験したことのない者も含まれていた。しかも丸腰である。攻撃されればひとたまりもない。戦場で命令系統が乱れれば統率がとれなくなってしまう。

こうした現実的な諸問題は赤十字の発足当初から認識されていた。かくして赤十字スタッフは当初、あくまでも自国の「軍隊ノ衛生勤務ニ幇助《ほうじょ》ヲ与フル」組織と位置づけられることになる。すなわち、国家を越えて活躍する赤十字スタッフはあくまで「本国政府カ適法ニ認可」した場合に限られるようになったのである。こうした位置づけを明文化したものが、一九〇六年七月六日のジュネーブ条約第一〇条であった。

十九世紀後半のヨーロッパにおける戦場人道主義は赤十字運動に収斂《しゅうれん》されていったが、同運動の理念理想は、瞬時に国家と国益、自国軍の補佐なしには実現しなかった。同時期の戦場人道主義はそれぞれの民間団体が自国政府軍と密接かつ逃れ難い関係の中においてはじめて可能になった。

やや複雑ではあるが、赤十字国際委員会の活動は中立を保ちえたものの、各国の赤十字活動は戦時において各国軍の救護にあたることになっていく。ただし、各国赤十字の活動は時代が移るにつれ、政府や軍部とは一定の緊張と独立的な関係を築いていった。

政府と軍隊には民間の救護団体が戦場で割り込むことに対する懸念はあった。この問題は、言うまでもなく、とりわけ現場の軍司令官にとって簡単に実現するものではなさそうにみえた。とくにヨーロッパでは、赤十字運動に先行するキリスト教的救護団体が存在した。

他方、デュナンはひたすら己の理念理想を実現しようと頑固なまでの活動を続けた。五人委員会の他のメンバーもそれぞれの立場からその実現に邁進《まいしん》した。結局、軍部が譲歩することになるが、翻ってみればこの時代の潮流に沿ったものであったともいえる。

ヨーロッパとくに西欧では十九世紀半ばまでに、負傷し罹病《りびょう》した将兵は戦闘不能であるから、もはや戦闘員とみなされる者たちではなく、国家の枠組みを離れて一人の人間として尊重されるべきではないかという社会思想が普及していた。デュナンが提唱した考え方は、十八世紀のヨーロッパに生まれた啓蒙思想にもとづく戦場人道主義思想を底流とするものであった。こうした歴史的文脈においては、デュナンが提唱した理念や理想は新奇なものとはいえない。

赤十字運動発足の時代

こうした社会思想的潮流は、とりわけ西欧諸国において国民国家の形成と発展につれてより大きな流れとなっていく。軍隊の主たる兵力が絶対主義時代の傭兵《ようへい》あるいは常備軍ではなく、国民（＝国家）間の戦争となっていくと、政府は自国の戦死者や戦傷病兵の苦痛や家族の心情に配慮する必要に迫られた。民主化と世俗化がさらに進展していくにつれ、こうした配慮の必要性はいよいよ増していった。

さらに付け加えれば、赤十字の掲げた理想や理念は、文化圏を問わない普遍性を帯びるものでもあった。かくしてヨーロッパ起源の赤十字運動は全世界に拡大していくことになった。

さて、今日、赤十字と総称される世界最大の中立的人道的有志組織の創設者らは、その活動の最も早い時期から、すなわち五人委員会が最初に開かれた一八六三年二月十七日から、あらゆる国の軍隊の医療要員、ボランティアの救護員、救護車輌が、単一の標章を帯用し、この単一標章をもって彼らを保護するために、あらゆる交戦当事国はその単一標章を承認し敬意を払うというアイデアに、強い関心を示してきた。

この単一標章こそ、それを掲げればその場は「中立」地帯となり、攻撃が禁止される。戦場にあって傷病兵と赤十字スタッフを攻撃から保護する。

白地に赤十字

戦時救護における保護と中立

ヨーロッパにおいては、近代初頭には、包囲された都市の降伏条件中に傷病兵の取り扱いについての文言が盛り込まれるようになり、十七～十八世紀初頭の戦争では、敵軍の負傷兵は捕虜として取り扱われるようになっていた。さらに、十八世紀半ばになると、負傷兵は停戦後戦場から遠く離れた野戦病院で治療を受けられることもあったし、また、アドホックな取り決めや合意にもとづいて、軍医や野戦病院の関係者を非戦闘員とみなし、傷病兵は適切な治療を授けられたのち速やかに原隊に復帰させるべきであると説かれることもあった。

ヨーロッパ諸国の軍隊に常設の医療衛生部、陸軍病院や野戦病院が組織されるようになるのは十八世紀末から十九世紀初頭にかけて、いいかえればアメリカ独立戦争からナポレオン戦争期のことである。しかしながら、十九世紀前半のヨーロッパ諸国の軍医療衛生部は、各国に異なる識別旗――たとえばオーストリアは白、フランスは赤、スペインは黄、あるいは、この他に黒――を用いていた。同じ国の軍隊が、師団によって異なる識別旗を使用する例もあった。

軍隊によって異なる識別旗の使用は、彼らの存在を識別はするが保護の役割を果たすものではなく、したがって十九世紀半ばにおいては、救護員と救護した傷病兵の安全を確保するために、野戦病院は前線から離れた場所に設営されねばならず、また、救護班は休戦後ようやく、遠路を戦場へ二輪荷馬車で急行するのが常であった。

救護班の到着まで持ちこたえることのできた負傷兵は、しばしば数日をかけて野戦病院に搬送される間、絶え間なく激しい馬車の振動に苦しみ、野盗に怯え、感染症を併発させ、あるいはいっそう悪化させた。

戦時救護の目的は、救命、感染症と合併症の予防、負傷四肢の維持、後遺障害の最小化である。これらをいかに効果的かつ安全に達成していくか――デュナンが『ソルフェリーノの思い出』において提唱したことは、まさにこうした問いかけにひとつの行先を示すものであった。効果的な戦時救護の実現のためには、戦場における救護活動を一般の作戦活動と切り離し、傷病兵はもとより救護員や彼らの利用する車輌、さらに野戦病院が局外中立であることを容易に明確に示す標識・標章が、交戦国間で十分認知されている必要がある。

この標章・標識のデザインを単一とし、白地赤十字とすることが最初に明文化されたのは、一八六三年十月、五人委員会がヨーロッパ一六ヵ国の非公式代表三六人を招聘し、「赤十字運動を誕生させた」国際会議が採択した「決議」第八条においてであった。

「決議」第八条は、第一回赤十字条約（「戦地軍隊ニ於ケル傷者及病者ノ状態改善ニ関スル条約」・八六四年八月二十二日）第七条において、「陸軍病院戦地病院幷ニ患者負傷者退去ノ臂章《ひしょう》トシテ特定一様ノ旗章ヲ用ヒ且ツ其傍ニ必ス国旗を掲クヘシ。局外中立タル人員ノ為ニ臂章を装附スルコトヲ許ス。但其交付方ハ陸軍官衙ニ於テ之ヲ司トルヘシ。旗及ヒ臂章ハ白地ニ赤十字を画ケルモノタルヘシ」と法典化された。

では、戦場において中立と保護を意味する標章になぜ「白地ニ赤十字」が採用されたのか。この問いは、ヨーロッパ国際社会においては条約の一体性と普遍性のはざまで、非ヨーロッパ世界においては西洋文明とキリスト教、欧化としての開化主義と反欧化としての排外的ナショナリズムのはざまで、切実な意味を帯びることになる。

オスマン帝国が非キリスト教国として初めて赤十字条約（一八六四年・第一回）に加盟したのは、一八六五年七月五日のことであった。このとき留保はなかった。一八六八年ジュネーブ会議においても、一八七四年ブリュッセル会議においても、トルコは一八六四年赤十字条約第七条について疑義を唱えなかった。

露土戦争と拒否された赤「十字」

一八七六年十一月十六日、露土戦争前夜、オスマン帝国政府は、条約受託国スイスに対して、敵の傷病兵輸送車輛や移動野戦病院の保護標章として「赤十字」を尊重するが、自国は「赤新月」を用いると通告した。同政府は、このような保護標章デザインの変更の理由として、「〔赤十字標章は〕ムスリムの兵士に敵意をいだかせ、トルコが〔赤十字〕条約下で享受すべき権利の行使を妨げてきた」と説明し、コンスタンチノープルでは「オスマン傷病兵救護協会（Ottoman Society for Relief to Military Wound and Sick）」が復活し、同協会は赤新月標章を採用した。

これに対して、赤十字国際委員会は、大戦前夜に「条約の神聖性」が損なわれた点を批判し、かつ、「宗教シンボルとトルコが誤認した」標章（赤十字）と、「トルコ帝国にとって宗教的かつナショナルな標章」（赤新月）との間に、ゆくゆく対立を引き起こしかねないと、危惧を表明した。

露土戦争の一方の交戦当事国ロシア帝国、およびオーストリア＝ハンガリー帝国もまた、トルコが保護と中立を示す保護標章として「宗教的でナショナルな標章」を採用したことを批判した。フランスは、トルコが露土戦争前夜まで赤十字標章に意義を唱えなかったことこそ、トルコが「赤十字」を、「宗教性をいっさい帯びない、スイス連邦旗をデザインした」標章であることを認知してきたことを示すものだと述べた。

白地赤十字章がスイス連邦旗にちなんだ標章であるという、フランスの説明は、今日、ジュネーブ条約に明記されている同標章の由来に関する最もグローバルな言説である。だが、この説明は歴史的事実としては確実なものとはいえない。

なぜなら、第一に、一八六三年十月の国際会議の議事録からは、何ゆえに白地赤十字が保護標章として採択されたのか不明である。

同会議で、ボランティアの戦時救護員に着用させる標識として「白地ニ赤十字」のデザインを提案したのは、五人委員会のメンバーであるルイ・アッピアだが、彼の最初の提案は単に「白」腕章の装着であった。「白」は、おそらくアッピア自身のような軍医が戦場で即座に最も確実に調達し得るマテリアルの色彩ではあったろう。だが、アッピアの最初の提案の後、「幾ばくかの議論」を経て、最終的に彼は前言を修正し、白地に赤十字の記号を付加することで一同は合意にいたった。

赤十字運動の実践家であり研究者でもあるフランソワーズ・ブニオンは、赤い十字が付加されたのは、「白」旗はすでに交渉（negotiation）を意味する標識として用いられていたため、予期しうる混乱を回避しようとしたのではないかと推察する（François Bugnion, *The Emblem of the Red Cross: A brief history*, Geneva, 1977）。とはいえ、ブニオンの仮説は、なぜ「赤十字」が付加されるべきデザインとして選択されたのかという問いへの答えにはならない。第二に、白地赤十字章がスイス連邦旗にちなんだ標章であるという由来についても、同議事録に関連する記載はない。

赤十字の実践者であり自ら紛争地で非業の最期を遂げたピエール・ボアシエによれば、かりに、これまでしばしばそう語られてきたように、五人委員会の議長格であったギョーム＝アンリー・デュフールが、一八六三年十月の国際会議で、右に述べたアッピアの最初の提案の後、白地に赤い十字の記号を付け加えることを提案し、かりにデュフールがこれをスイス国旗の配色の逆転であると考えていたのだとしても、白地赤十字が赤十字運動の

対角十字

発祥の地であり、その発展に貢献したスイス連邦に敬意を表して採用されたのであれば、このような敬意は議事録に掲載されてむしろしかるべきである、と述べる（Pierre Boissier, *From Solferino to Tsushima, History of the International Committee of the Red Cross*, Geneva, 1985）。

第三に、ボアシエは、一八六三年十月の国際会議の後五人委員会がスイス連邦会議代表ブリエールに書簡を送り、スイス国旗と同形の、しかし配色の逆転した十字のデザインを単一の保護標章として提示した際、ブリエールが同意を示さず、逆に、「これはスイス連邦旗〔の十字の部分〕を赤くしただけ」として、「聖アンドリュー十字」（対角十字＝a diagonal cross）を提案したことを指摘している。

最もグローバルな歴史認識問題

白地赤十字章がスイス連邦旗に敬意を表して作製されたという「赤十字」の非宗教性の神話は、同時に、現代において最もグローバルな歴史認識問題であるともいえよう。

同標章誕生のいわば公式の歴史として斟酌《しんしゃく》されたのは露土戦争から三〇年を経過して後一九〇六年の外交会議においてであり、それが法典化されたのは同年七月六日のジュネーブ条約第一八条においてであった。赤十字国際委員会と西欧列強は、「赤十字」の宗教性を否定し、あるいはトルコによる赤新月標章の使用を暫定措置（modus vivendi）とみなし、標章の単一性と条約の普遍性を、留保のシステムのなかで調整しながら確保しようとした。だが、トルコは、一九〇六年ジュネーブ条約を批准しなかった。ペルシアは、一八九九年ハーグ平和会議以来「赤獅子と太陽」（a red lion and sun）を自国の保護標章として採用を望んできたが、トルコと同様、一九〇六年ジュネーブ条約を批准しなかった。

だが、「赤十字」の非宗教性の神話は、トルコを満足させることはなかった。トルコが望んだものは、「赤新月」のいわば例外的な承認ではなかった。トルコは、赤十字条約の意義を共有し、それが遵守される要因としての、国際社会における「赤十字」と「赤新月」の相互承認を望んだのである。

西南戦争と博愛社の創設

近代日本と赤十字の出会い

近代日本も、オスマン帝国と同様の帝国主義的文脈のなかで赤十字と出会うことになる。

日本初の民間戦時救護組織としての「博愛社《はくあいしゃ》」は、明治日本が近代的な国民国家を形成し、西洋文明国の仲間入りをめざすなかでの大きな「出会い」であった。その意味で、博愛社さらに日本赤十字社の設立と発展は、近代日本が人道援助という国際的な新しい潮流の一翼を担いうる「文明国」であることの、きわめて重要な証しとなったのである。

明治日本の指導者は、国際公法が「耶蘇《やそ》教《きょう》国間ノ法律」で「異教国」はその埒外《らちがい》に置かれていることに敏感であった。「野蛮国」から「文明国」への昇格を悲願とする「異教国」日本にとって、赤十字条約への加盟は、西欧列強すなわちキリスト教ヨーロッパ起源の諸国家による、排他的で特権的な権力サークル参入への第一歩であった。

かくして、のちに述べるように、明治初年における、陸軍衛生部の徽章《きしょう》をめぐる松本《まつもと》良順《りょうじゅん》と三条実美《さんじょうさねとみ》の対立にせよ、西南戦争の際に設立された日本赤十字社の前身、博愛社の使用すべき標章をめぐる問題にせよ、そもそも「赤十字」をキリスト教のシンボルとしていわば敵視する風潮があったにもかかわらず、一八八六（明治十九）年の条約加盟以来日本は、赤十字標章をむしろ積極的に受け容れた。

一九〇六年、ジュネーブで、一八六四年赤十字条約の改正のために国際会議が召集された時、中国、シャム、ペルシアの各代表が、赤十字標章の宗教性は否定できないが、「歴史的考慮（historical considerations）」に則して標章に敬意を払うことは可能であるとの立場を表明した。これに対して、日本は、同標章の宗教性を明確に否定した上で、単一の保護標章としてこれを支持した。日本が、保護標章の複数化に賛意を表明するのは、一九二九（昭和四）年、赤十字条約（一九〇六年）の改正と捕虜条約起草のためのジュネーブ会議においてであった。

しかしながら、このことは、近代日本が西欧の赤十字条約加盟国や赤十字国際委員会が企図したような文脈で、「赤十字」の非宗教性を受容していたことを示すわけではない。トルコによる赤新月標章の採択に呼応して創出された「赤十字」の非宗教性の神話と、昭憲皇太后の簪と赤い十字の抱擁によって生まれた日本における「赤十字」の非宗教性の神話とのあいだには、以下に見ていくような、ある種の齟齬があった。

近代日本においても、日本赤十字社の草創期に活躍した者たちは、昭憲皇太后をはじめとして慈愛満ち溢れる人たちであった。とりわけ「日本赤十字社の父」とも呼ばれる佐野常民は佐賀藩出身、緒方洪庵《おがたこうあん》の適塾《てきじゅく》で学んだ。佐賀藩主に重用されていた佐野は、佐賀海軍の要職を経て後に帝国海軍の創設に関わった。明治維新を挟み二度にわたってヨーロッパに赴く機会を得た佐野は、そこで赤十字社なる組織と出会うことになった。

黒沢文貴が『日本赤十字社と人道援助』（東京大学出版会、二〇〇九年）で論じているように佐野は後年、日本赤十字社の前身となった博愛社の社員総会で「博愛社ノ主旨ハ人ノ至性ニ基クノ説」と題する講義をおこなっている。そのなかで、ヨーロッパで赤十字が「数年ヲ出スシテ異常ノ盛大ヲ致シタ」のは、「人ノ至性」（至誠）にもとづくものであり、それゆえ赤十字社の隆盛こそが「文明」の「証憑《しょうひょう》」（証し）だと述べている。

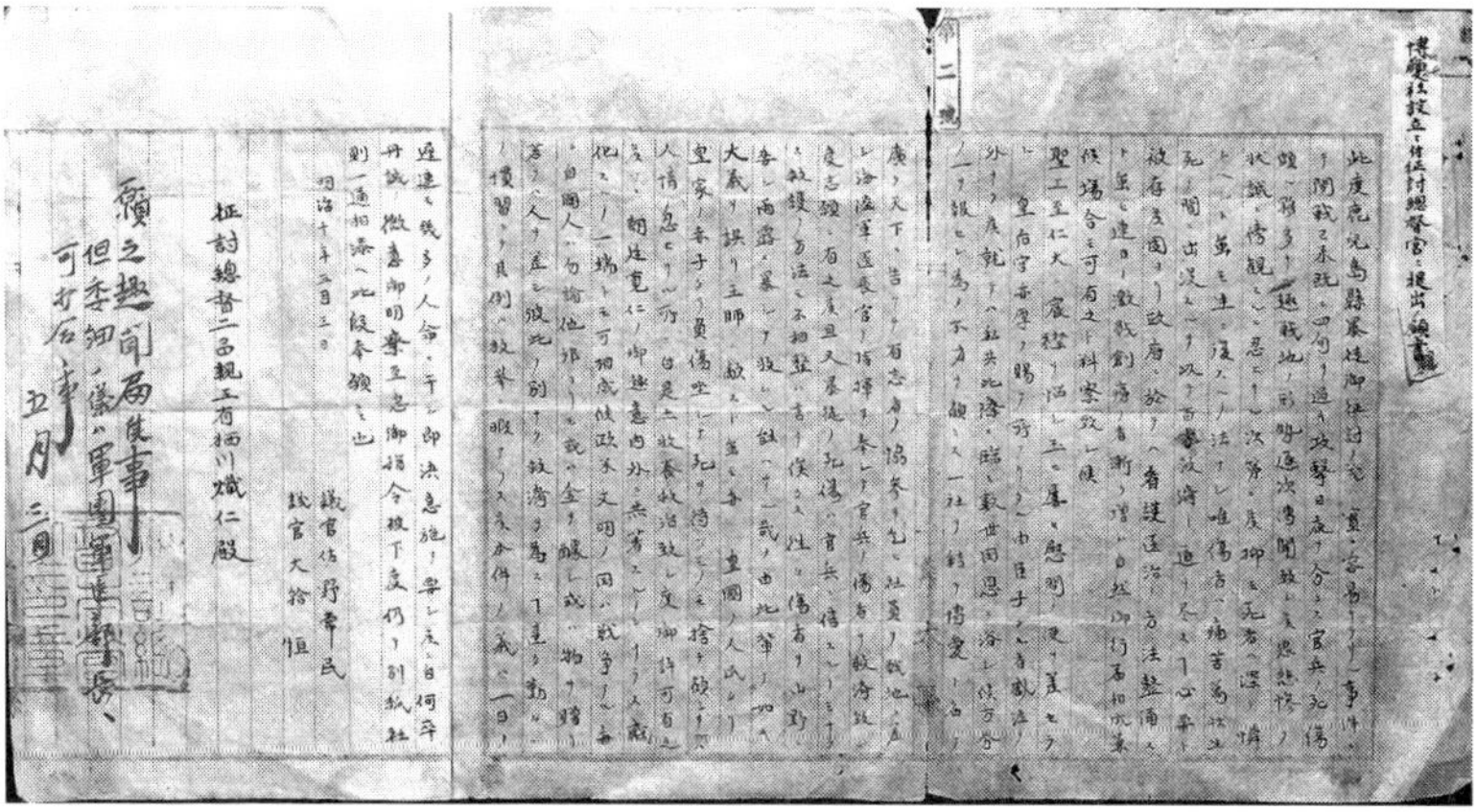

博愛社設立の請願書（日本赤十字社提供）

日本赤十字社のもうひとりの創始者は大給《おぎゅう》恒《ゆずる》であった。大給は三河奥殿藩主の次男として生まれ、松平十三家の長として幕府陸軍総裁をつとめた松平乗謨《まつだいらのりかた》の改名である。西南戦争にあたって佐野とともに、博愛社の設立願出書と社則を岩倉具視《いわくらともみ》右大臣に提出したのが大給であった。同様に西南戦争に従軍した政府軍の軍医らのなかには赤十字運動を知る者たちも含まれていた。陸軍大輔山県有朋《やまがたありとも》も赤十字運動に関心を抱いていた。さらには、日露戦争で満州軍総司令官をつとめた大山巌《おおやまいわお》もいた。大山は日本近代軍事史上で最も西洋軍制と救護活動に学ぼうとした陸軍大臣といえよう。

　戦場での救護活動はその中立性ゆえに可能となることはすでに述べた。その中立性とは端的にいえば政治的中立であり、政治に容喙《ようかい》しないことを意味する。戦時救護はその戦争の正義如何については沈黙を守る。沈黙を守ることは「弱者」を見捨てることであるとみなす反戦論の立場としばしば対峙するのはこのためであるといえよう。

博愛社認可

西南戦争さなかの博愛社認可は、「官賊軍とも看護」する篤志団体の発足として、ただちに『横浜毎日新聞』(一八七七年五月八日付)や『東京日日新聞』(五月七日付)、『朝野新聞』(五月十五日付)を通じて報道された(博愛社『各新聞寄報元稿』明治十年自六月至十二月、書類編冊番号「AI－20」。日本赤十字社本社所蔵)。もっとも、薩摩軍側に博愛社についての情報がどれほど浸透していたかはさだかでなく、政府軍もつねに薩摩軍傷病兵をねんごろに扱ったわけではなかった(政府軍による残虐行為は、吹浦忠正『捕虜の文明史』新潮選書、一九九〇年)。しかしながら、博愛社の公認と活動は、西南戦争という内戦において、政府の側に反乱者の投降と帰順を受け容れる用意があることを公に示唆するものであった。

西南戦争と博愛社の創設

一八七七年五月中旬から六月にかけての時期になると、田原坂《たばるざか》の戦いののちに長期化した戦争によって西郷軍の用兵・補給が厳しさを増したこともあり政府軍に投降する者がではじめた。五月十五日には西郷軍九八名が、その後六月四日までに四八〇名余が投降した。「政府軍はこれらの者たちを帰順させ、政府軍の軍務に服せしめた。西郷軍側も、投降した政府軍一一〇名余を弾薬製造所に送り作業に従事させた」（前掲書）。

六月になると、「官軍に降参する者は古《こ》ろさず」とするビラが官軍先鋒本営の名でまかれた。この宣伝ビラにどれほど効果があったかはふたたびさだかではない。しかし、敵味方の区別ない救護社の認可と彼らの活躍、さらにそれに共感する者たちをめぐるエピソードは、函館戦争で敗軍の将の榎本武揚が官軍の黒田清隆に蔵書の『万国公法』を献呈したことにも似て、内戦後の勝者と敗者の国内和解を促す要素となったかもしれない。博愛社の発足は、西南戦争という内戦の性格を物語る出来事のひとつでもあったといえよう。

博愛社認可にはより実務的な背景もあった。民間の救護社が公認され、敵味方の区別ない救護活動をおこなうという状況は、たとえば戊辰戦争でもとくに苛烈をきわめた会津戦争（一八六八年）で「賊軍」が置かれた状況や、佐賀の乱（一八七四年）のような一定期間戦闘がおこなわれた士族反乱と比べて大きく異なっていたが、実際には戊辰戦争のさいにも敵味方の区別ない救護活動はおこなわれていたし、佐賀の乱においても「賊軍」救護の必要を説く声もあるにはあった。

「西洋医」ウィリアム・ウィリスは、一八六八（慶応四）年一月の鳥羽伏見の戦いの直後に京都で薩摩藩の負傷者を治療し、つづいて四月、横浜に、日本で初めての外科専門病院である「軍陣病院」を開設した（西野香織「日本陸軍における軍医制度の成立」『軍事史学』二六巻一号、一九九〇年）。

英国公使館付医官であったウィリスは、一八六八年九月一日から五ヵ月間にわたり、高田から会津若松の各病院で治療をおこない、官軍軍医を教育したが、とくに会津戦争において敵味方の区別なく六〇〇名の負傷者を救護したことで知られる。

とはいえ、戊辰戦争であきらかになったことは、西野によれば、「漢方の軍陣医学が全く役に立たないこと」であった。つまり、漢方医の治療はしばしば戦傷外科の基本を無視したものであったため、維新政府の陸軍は早急に西洋式の基本を軍医団に教育し、衛生機関を整備する必要に迫られた。西南戦争は、戊辰戦争以来の陸軍軍医制度の整備のための努力が偶然にも試される機会となり、「軍医部は、西南戦争で見事にその存在価値を示す」ことができたのである。

こうした経緯は、一八七三（明治六）年にジュネーブで、岩倉具視が、維新政府の軍医制度の不備を理由のひとつとして挙げてジュネーブ条約加盟に躊躇を示したのにもかかわらず、西南戦争にさいしては、むしろ博愛社の認可や活動に強い関心を示したこととも呼応する。つまり、維新政府がジュネーブ条約に加盟し、赤十字社を設立するための最重要課題は、実は、敵味方の区別ない救護への抵抗感を処理する以上に、専門的な戦時救護医療すなわち軍医学を充実させることにあったともいえる。

戦傷外科と軍医制度が不備な状況では、いかに篤志の民間人組織が敵味方ない救護を望んだとしても不可能である。日本の戦傷外科と軍医制度は、西南戦争期までに、のちの日本赤十字社の前身となる民間救護団体である博愛社を、公認組織として軍団病院や包帯所で活動せしめるに十分なほど発展させていたといえよう。

西南戦争後の博愛社

一八七七年九月二十四日、西郷隆盛をはじめとする薩摩軍指導者らが戦死自刃し、西南戦争は終わった。十月三十一日の戦地での救護活動の終結までに、博愛社の救護員延べ一九九名（実数は一二六名）が取り扱った傷病兵は一四二九名にのぼった。

博愛社の統計によれば、西南戦争での官軍の死傷者は一万六一九五名、このうち即死四六五三名・負傷死一八七四名。薩摩軍については、その総数四万のうち死傷者の数は未詳としながらも、おおむね一万五〇〇〇を上回ったとしている（博愛社『西南征討救護関係

共二ノ二』明治十年、ＡⅠ－３。同『西南征討救護関係　共二ノ二』明治自十年至十一年、ＡⅠ－４）。

博愛社が暫定的な救護団体ではなく常置の組織であることは、すでに西南戦争中の一八七七年八月一日に制定された「社則附言」において、「我社員報国恤兵《ほうこくじゅっぺい》ノ義務ハ、之ヲ平時に講究シ、其需用物品ノ如キモ亦、予《あらかじ》メ之カ準備ヲ為サ、ルヘカラス故ニ、今回ノ戦役ヲ終フルノ後モ本社永設の基礎ヲ立テ、其結構ヲ盛大ニセンコトヲ期ス」（日本赤十字社『日本赤十字社社史稿』一九一一年、以下では『社史稿』）と謳われていた。

したがって、西南戦争が終わると、博愛社の関心は、同社を永置するための基礎をいかに固めるかということに注がれた。

同年十二月三日、同社委員らは本社にて集会し、博愛社創設者の一人である桜井忠興《さくらいただおき》が戦地での救護について報告をおこなった。翌四日、戦後総会が開かれ、同社総長の東伏見宮嘉彰親王《よしあきしんのう》をはじめ、大給恒、佐野常民ほか、各委員、社員、戦地派出の職員など三〇名が集まった。そして、博愛社永設のための方策を講じるべく、一八七八年ならびに翌年の一月にそれぞれ新年総会をおこない、その後、年二～三回の社員総会を開いた（博愛社『会議日誌』自明治十一年至十三年、ＡⅠ－９。同『決議録』自明治十二年至十五年、ＡⅠ－１

6。同『総会幷役員会書類』自十年至十九年、AI－21)。

また、一八七九年六月、従来の委員一二名を廃して職員を選任し、副総長に大給と佐野が、幹事に花房義質《はなぶさよしもと》、桜井忠興、松平乗承《のりつぐ》が就任した。八一年には松平信正も幹事に加わった。翌八二年二月には、社員より議員一二名を公選、毎月一回の議員会を開くこととした。さらに、同年六月には、守成金規則をあらため、拠出額を一年につき三円以上一二円以下として、三回に分割して払うことができるようにするとともに、寄贈金として二〇〇円以上寄付した者は以後年醵金を支払わずともよいこととした。

さらに、一八八一年、博愛社は、社業の拡張をはかり、国民的な協力を得るために、八一条からなる新社則「博愛社規則」を議定した（博愛社『博愛社規則　東伏見宮御諭旨』自明治十年至二十年、AI－1)。

この総則第一条は、「博愛社ハ報国恤兵ノ義心ヲ以テ、戦場ノ負傷者疾病者ヲ看護シ、力《つと》メテ其苦患《くげん》ヲ減スルヲ主意トス」と謳っていた。

西南戦争の戦火が開かれてまもない時期につくられた「社則」では、同社の目的は「戦場ノ創者ヲ救フニ在リ」とされていた。つづいて八月一日に制定された「社則附言」では、その主旨は「此〔西南戦争の〕惨烈ナル戦時ニ方《あた》リ、報国慈愛ノ赤心ヲ以テ軍医部ヲ補助シ、創者患者ヲ救済スル」とされていた。これに対して、新たに制定された「博愛社規則」では、「報国恤兵ノ義心」をもって戦場の傷病兵の「苦患ヲ滅スル」という使命が、同社の事業の意義として明示された。つまり、戦時救護すなわち報国恤兵という課題が、国民の抱くべき愛国心として位置づけられたのである。

「博愛社規則」

さて、戦場において敵味方の差別なく傷病兵の「苦患ヲ滅スル」ためには、戦地において保護されるべき者とそうでない者を区別することが肝要となる。区別と保護という発想は、「サンクト・ペテルブルク宣言」（「戦時におけるある種の発射物の使用の禁止に関する宣言」一八六八年十二月十一日署名）にある「戦争の必要とを人道の法に調和させ」ようとする試みの原点にあるものであり、戦時にあっては敵対行為参加能力を失った（あるいは、もたない）者を局外中立とするための大前提となる。

区別して保護するという発想は、赤十字の発祥地であるヨーロッパでは、ルソーの『社会契約論』にみられるような十八世紀の啓蒙思想にその源流を求めることができる。では、西南戦争後の博愛社は、この問題についてどのように説明したのであろうか。

前述の「博愛社規則」の「序文」が、これについて考える手がかりを与えてくれる。この「序文」は、総長の東伏見宮嘉彰親王の筆によるもので、同社の「拡張の主意書」であり、国民の協力を得るために、事業の意義をいかに新国家の脈絡のなかに位置づけようとしたかをうかがうことができる。

「序文」の前半は、デュナンの『ソルフェリーノの思い出』の叙述を彷彿とさせる。すなわち、戦闘にさいしての苦患の悲惨さ、兵器革新による戦争の残虐化、戦闘後の荒廃の凄まじさについて言及したうえで、各国の「文化」が進むにつれて軍医制度が整い、戦時の救護がなされるようになったにせよ、それでもなお十分ではないとする。なぜなら、「瞬間ニシテ千万ノ死傷ヲ致シ、敗兵ハ遁逃《とんとう》シ、勝兵ハ追撃スル当リテハ、其戦野ニ遺ス所ノ負傷者、軍医ノ拾収ニ漏ルルコト無キヲ保ツコト能《あた》ハス」、ゆえに、「欧州ノ慈善者悲惨ノ状ヲ視、哀痛ノ情ニ忍ヒス、相謀《はか》リテ戦時ニ負傷者ヲ救護スル社ヲ設ク」るにいたったと説明する。

このように、「序文」では、戦場の悲惨、とりわけ「敗兵」の窮状を強調したうえで、患者や負傷者を保護するという取り決めの重要性が示されている。これは、日本も加盟することになる一八六四年のジュネーブ条約の冒頭第一条においても規定される、人道法の基本原則である。

では、「序文」は、同条約六条の「負傷シ又ハ疾病ニ罹《かか》リタル軍人ハ、何国ノ属籍タルヲ論セス、之ヲ接受シ看護スヘシ」（博愛社「博愛社規則」『社史稿』）については、どのように解説しているだろうか。

「天皇陛下ノ赤子」

「序文」では、西南戦争にさいしての博愛社の活動が、まさにこの事例として挙げられている。すなわち、西南戦争の救護活動は、まず、天皇の慰問によってはじまり、皇后御製の包帯の下賜がこれにつづき、「是ニ於テ、佐野常民、大給恒等、有志ノ華族ト謀リ、一社ヲ創シ、欧州戦時救養ノ社ニ擬シ、負傷者救療ニ従事センコト請フ《こ》」たのである。

この脈絡では、博愛社の結社は、天皇・皇后の行動に倣《なら》い、その意思を反映しようとしたものに他ならない。そのうえで、「暴徒ハ大義ヲ誤リ、王師ニ抗スト雖《いえど》モ亦皇家ノ赤子」であり、負傷して死を待つのみの者も見捨てて顧みないのは「人情ノ忍ヒサル所」であるという、征討総督熾仁親王《たるひとしんのう》に宛てた大給と佐野による博愛社設立請願の文言を引き、「其彼此ヲ別タス生霊ヲ救恤スルヲ以テ、博愛社」と名づけたと説明している。

博愛社という戦時救護結社が、国際戦争ではなく、西南戦争という内戦をきっかけにして創設されたことは、すなわち博愛慈善が同戦争後の日本における赤十字思想を、その根底において報国恤兵とともに規定することになる。

大給が、西南戦争の際の博愛社の活動に対する人々の疑惑や警戒に抗して、「事業ノ真相」を知らしめるために著した「博愛社述書」においても、政府に抵抗し戦いに敗れた「暴徒」もまた「天皇陛下ノ赤子」であることが強調されている。

赤十字思想と人道の原則のなかで基本となるのは、区別して保護するという発想であるが、西南戦争での救護を経験した明治前期の戦場人道観においては、敗者である「逆賊」としての敵兵士が保護されるべき根拠は、彼らもまた「天皇陛下ノ赤子」「皇家ノ赤子」であるという思想であった。

かくして、将来の国際戦争においては、日本の敵は、かならずや「王師ニ抗ス」る存在、よって敗北を宿命づけられた存在になるはずであった。

皇室の保護を得た日本赤十字社は、一八七七年に日本赤十字社の前身博愛社が誕生して以来、一九〇三年に日本人口の約一割にあたる九〇万人まで社員は爆発的に増えた（醵金者・募金者を日赤では「社員」と呼ぶ）。一九〇一年といえば、銃後支援女子団体である愛国婦人会が創立した年である。この種の慈善団体では世界一の規模となっていたのである（Olive Checkland, *Humanitarianism and The Emperor's Japan 1877-1977*, Campbell Thomas & Mclaughlin, London, 1994）。くわえて、近代日本で最初の病院は、のちに東京大学医学部に併合される東北にあった戊辰戦争の官軍負傷者治療所であった。こうした経緯から、日本赤十字社病院が東京をはじめ各自治体の中心地に建設されたことは、一般国民を治療し健康を守るうえで重要な施設となったと同時に、戦時ともなれば軍用施設ともなった（前掲書）。

昭憲皇太后と赤十字

皇家の赤子

皇室の恩眷

日本の赤十字事業の際立った性格は皇后ならびに皇室の恩眷《おんけん》であった。すでに述べたように、戦闘が起きるたびに敵味方同士がその場その場でなんらかの約束事を戦時救護について取り交わすことはあったが、博愛社から日本赤十字社の時期を経て、常設の救護期間を組織していくには、当時の日本においては皇室の庇護を受ける以外の道はまずなかったのである。

かつて日本では高貴な女性は人前に姿を現わしてはいけなかった。御簾《みす》の後ろでおしとやかに座ったり、手習いをしたり、楽器を弾いたりと、紫式部の『源氏物語』にもたびたび出てくるように、女性がうかつに姿を見せるのは品のないことであった。しかし、明治

皇太后の赤十字社総会臨御（上田景二編著『昭憲皇太后史』より）

維新と日本赤十字社への熱心な活動は皇后のイメージを劇的に変えることになった。

赤十字に対して保護を与えることで、御簾の向こうからついぞ身体を現わさなかった皇后そして皇室の近代的イメージが形成されていった。

佐野常民と大給恒が有栖川宮熾仁親王に提出した請願のなかで博愛社の設立を「朝廷ノ寛仁ノ御趣意、内外ニ赫著スルノミナラス感化スルノ一端トモ可相成」と訴えている（川俣馨一『日本赤十字社発達史　全』明文社、一九一五年）。まさに天皇や皇后、ひいては皇室の「慈愛」「仁愛」は、彼ら・彼女らが戦時・平時の赤十字事業に直接関わることで実体化し、国民は「天皇陛下ノ赤子」「皇家ノ赤子」であるという自覚を広く世上に促すことになる。この文脈で、博愛社と日赤の発展は、近代日本における報国恤兵と博愛慈善という国民統合のあり方に大きな影響を与えることになる。

赤十字事業に対する皇室の「恩眷」は、まず、財政的な援助というかたちで差し伸べられた。具体的にいえば、一八七七（明治十）年八月七日、西南戦争の最中に、皇室は金一〇〇〇円を同社に下賜した。この下賜金は、日本の赤十字が皇室の保護を直接受けた嚆矢となった。これを皮切りに、各皇族が同社に寄付をおこない、同年九月十三日には東伏見宮嘉彰親王が総長に就任することになった（『社史稿』）。

以降、歴代の総長（日本赤十字社に改称後は、総裁）には、皇族を戴くことになる。西南戦争後、博愛社を永置の機関として立ち行かせるためには、一定の資本が不可欠であった。西南戦後の財政難に際して、一八七九年八月一日、東京麻布市兵衛町の宮内省御用邸の内に、博愛社事務所を間借りさせる許可が与えられた。

博愛社の事業にとくに関心を寄せたのは、美子《はるこ》皇后（昭憲皇太后《しょうけんこうたいごう》）であった。一八八三年以来、皇后が年々同社に下賜した三〇〇円は、博愛社の根本資本となった。『昭憲皇太后史』（土田景二編著、公益通信社、一九二二年）によれば、毎歳厳寒の気候に際しては、在院の貧困患者に衣服を下賜され、その他同社が、戦時方は天災の救護を施行するに際しては、畏《おそ》れ多くも御製包帯のご下付金員の恩賜などもしばしばであった。殊に二十一年磐梯山《ばんだいさん》の噴火、二十三年土耳其《トルコ》軍艦の難破、二十四年濃尾《のうび》の震災などに際しては、何時も至仁なる内旨《ないし》を下し給ひて、速やかに救護せしめ給へし恩金など今猶《なお》世人の記憶に存するところである。

宮中の奥から光注ぐ縁台に進み寄る洋装の昭憲皇太后は「朝廷ノ寛仁ノ御趣意」を内外に輝かせた。ヨーロッパの王室でも篤志救護社や赤十字社に熱心な王室はあったものの、皇室ほど赤十字社を厚く保護した事例は稀である。

英国公使ヒュー・フレイザーの夫人メアリーはのちにその回想録の中で、昭憲皇太后を次のように評している。

彼女（昭憲皇太后）は私に数々の優しいお言葉をかけられました。その声はたいそう小さく、あのシンと静まり返った雰囲気のなかでさえ、語調を聞きわけることは困難でした。……私にはふたりの息子があり、いずれも本国に置いてこなければならなかったようで、たいそう悲しかったことでしょう、とつけ加えられました。彼女の眼は輝いておりましたが、私の子供たちのことを語られる時にはずいぶん悲しそうな表情

博愛社と博愛社病院（日本赤十字社提供）

をされました。今の皇位継承者は彼女の御子ではありません。ご自身の御子はおられませんので、きっとそのことをつらく感じておられたに違いありません。（メアリー・フレイザー著、ヒュー・コータッツィ編、横山俊夫訳『英国公使夫人の見た明治日本』淡交社、一九八二年）

しかし、メアリーは昭憲皇太后に実の子がいなかったことは、むしろ国民にとって幸いなことだと感じる。その分、皇太后が日本赤十字などの福祉教育事業に熱心だったからである。

博愛社病院の開設

一八八六年六月五日、日本政府はジュネーブ条約に加入した（翌年に博愛社は名称を日本赤十字社と改称）。十一月十五日に号外勅令により加入を公布した。博愛社の設立当初、社員は佐野や大給を含めて三八人にすぎなかったが、ジュネーブ条約に加盟し、博愛社病院が開設されたこの年には、三四一人の新入社員を迎えることになった（川口啓子・黒川章子編『従軍看護婦と日本赤十字社』文理閣、二〇〇八年）。

これは、過去九年間の社員総数の倍以上であり、同年末には総数六〇九名を数えるにいたった。博愛社は東京麹町区飯田町四丁目に活動の拠点となる本社事務所を開設し、十一月十七日には救護員を養成するための博愛社病院を設立した。この地は皇宮地の付属地であった。

皇族を総裁とすること（第六条）、社長・副社長は勅許を得て承認、とくに監督官を付せられることになった。ここに、赤十字事業に対する皇室の「恩眷」は、制度的な裏づけをもつことになった。同月二十五日、天皇皇后より日赤補助金として自今年々五〇〇〇円が、翌年六月十六日には社の資本として一〇万円が下賜された（博愛社『帝室恩賜関係自明治二十年至二十六年、AI－64』）。

日赤の事業はもとより、博愛社病院も、「一ニ皇室ノ恩眷保護ニ依テ成立シタ」ものであった。すでに一八八六年十一月四日に博愛社が東京府に提出した「博愛社病院設立願」によれば、同病院設立の目的は、第一に軍隊の負傷者を救護する看護人を養成すること、第二に戦時においては負傷者の予備病院に供すること、第三に平時においては民間の患者を治療し、看護人の実地研究をなさしむることの三点であった。

赤十字看護婦の養成

西南戦争にあたって設立された博愛社には「看護婦」はいなかった。男子が「看護人」として雇われていたのである。女性が軍人の看護をすることに社会の反発が少なからずあった。看護婦の養成に着手するようになったのは、日本赤十字社に改称した後だった。救護員を看護人から看護婦へ変化させていく後押しをしたのが、ヘンリー・フォン・シーベルトであった。彼は博愛社社員でもあり、ドイツ生まれで、長崎の出島にて医師として活躍したフランツ・フォン・シーベルトは彼の父であった。日本における看護婦養成を提言したのは、このヘンリー・フォン・シーベルトであった。彼の念頭には、クリミヤ戦争で活躍したナイチンゲールの業績があった。看護婦は重労働ではあるが、ナイチンゲールの活躍に女子も従事可能だと考えられた（木村美智子・河合利修「資料　日本赤十字社における男子看護人から看護婦養成への移行とその要因」『日本赤十字豊田看護大学紀要』二巻一号、二〇〇六年）。戦時救護を担う看護婦の養成は、日赤にとって、必要欠くべからざる事業であった。

博愛社病院の開院式には、皇后がこれに行啓した。一八八八年十月二十六日には、特旨《とくし》をもって病院建築・付属品調製費として八万円、一八九〇年七月十六日にはさらに二万円を増賜し、くわえて南豊島御料地内一五〇〇坪を拝借する特許を与えた。同病院は翌年五月南豊島に移転、八月には病院維持費として年金五〇〇〇円、さらに向こう一〇年間にわたって年々五〇〇〇円の病院維持費が下賜されることになった。

日赤が「皇室ノ厚遇」を受けたことを示すもうひとつの事例として、一八八八年に制定された「有功章」についてふれておく必要がある。これは、「天皇ノ勅裁」をもって日赤事業に功労のあった者に付与されるもので、同章を授与される者は、「其人名ヲ上奏シ、辱《かたじけな》クモ入社員ノ姓名ハ一々天覧ヲ賜フ」こととされ、日赤に対して通牒された。つまり、読みにくい姓名があれば、天皇はそれを侍従に質問することになるので、読み仮名をふっておくようにと下命があったのである。

当時、いわゆる私設の勲章が流行していたという事情があった。一八九五年には、勅令をもって私設の勲章は禁止されたが、日赤の「有功章」はその例外として認められた。日赤は、その「真価ハ益々明白トナリ、皇室ノ特恩愈々《いよいよ》厚キコト加フ」と誇った（『社史稿』）。

博愛社から日本赤十字社への改称は、近代日本における人道主義が、財政的にも制度的にも、皇室と明確かつ強固な関係をとり結ぶ大きな契機となった。以後、日本赤十字社は、日清戦争前夜の一八九三年末までに四万五三一七人の社員を抱えるまでに発展する。

増員数から見れば、いうまでもなく日清戦争が爆発的な社員数増加の契機となるが、増

飯田町にあった日本赤十字社正門（日本赤十字社提供）

員比率の面からみれば、最も大きな変化は、日赤改称の一八八七年の三五八％（対前年増員数は一五七〇名）とその翌年の五四九％（同九七九四名）である。「日本赤十字社カ此ノ如ク速ニ進歩セルモノハ、国民カ皇室ノ威徳ニ則リテ之ヲ拡充セント欲スルノ力、頗《すこぶ》ル多キニ居レリ」という日赤の自己評価は、近代日本における国民統合が赤十字を通して「皇室ノ威徳」を基盤として、いわゆる上流階級の支持者らを中心に築かれたことを如実に示している。

「自ラ服スル〔を〕殺ス勿レ」

このように、近代日本がヨーロッパ・白人・キリスト教起源の戦時救護運動である赤十字を受け容れるにあたって、昭憲皇太后や皇室、上流階級の人々は特別な役割を果たした。もっとも赤十字運動を保護した王室は他国にもあった。高貴な人々による慈善としての赤十字の国内的な発展のあり方は、とくに日本において特異な現象であったとはいえない。

たとえばドイツやオーストリア、ロシアでも、草創期の赤十字事業は王室や貴族の手厚い保護を受けた。初めて戦場で赤十字標章が用いられた一八六四年のシュレスビヒ・ホルシュタイン戦争でプロイセン側の救護活動の中心となったのは「聖ヨハネ修道団」「マルタ騎士団」のような貴族的なキリスト教系救護団体であった。

他方、博愛社同様、南北戦争（一八六一〜六五年）という内戦期に誕生した篤志団体「米国衛生委員会」のように、一八六三年のジュネーブ会議や翌年の条約締結に際して非公式に招待されながらも、同戦争にヨーロッパ諸国が介入することを危惧してただちに赤十字社に改称しなかった例もあった（一八八一年改称、翌年アメリカ政府はジュネーブ条約に加盟した）。

草創期の欧米諸国の篤志戦時救護団体と、博愛社や設立間もない時期の日赤との最も大きな違いは、日本という国家が、非ヨーロッパ・非キリスト教起源の東アジアの国家であったということと、欧化政策の一環としてジュネーブ条約加盟や赤十字社の設立に国家政策として取り組んだことであろう。

これらを踏まえると、日本の赤十字は、たとえば非ヨーロッパ・非キリスト教起源の国家で最初にジュネーブ条約に加盟したオスマン帝国との比較のなかで見ていくこともできよう。

概して、戦場における人道主義の普遍性をより普遍的なものたらしめるために、非ヨーロッパ・非キリスト教起源の国家に赤十字運動を根付かせようとする推進者たちはみな、多かれ少なかれ、自国の「伝統」や「文化」のなかに存在する共通の価値観の発見に精力を傾ける。オスマン帝国の「赤新月」標章の採用も（三一ページ参照）、こうした事例のひとつとして挙げることができるだろう。

今日、赤十字国際委員会は、「一八六四年の最初のジュネーブ条約採択をもって、今日の国際人道法の出発点とするのは誤り」であり、「あらゆる種類の社会が独自の規則を持つように、これまでも個々の戦争においては、漠然とした、または明確な規則があり、戦闘や、敵対関係の発生と終結について定めていた」ことを指摘して、非キリスト教古代の文書にも「敵を尊重することを示した規則が含まれている」ことを強調している（赤十字国際委員会『国際人道法』日本赤十字社国際部、二〇〇一年）。

つまり、ジュネーブ条約は、「負傷者およびその救護者の保護に関する、断片的かつ分散した古代の戦争法および慣習を法典化し、強化したもの」にすぎないのであり、だからこそ普遍的であり、いかなる文化を共有する国家も加盟し遵守することができる、と主張している。こうした脈絡のなかで最も優先されているのは、いうまでもなく、できる限り多くの、起源・政体・宗教・民族・人種の異なる国家によるジュネーブ条約加盟を可能にすることである。

この脈絡でいうなら、皇室の恩眷に浴して発展しつつあった博愛社が、「人道」「博愛」という普遍的価値観の起源を自国の古代神話のなかに見出そうとしたとしても、そのこと自体はとくに驚くに値しない。

当時、好んで引用されたのは、神功皇后の「三韓征伐」のさいの神話的エピソードであった。

神功皇后は、「其軍令中ニ於テ、自ラ服スル〔を〕殺ス勿《なか》レト宣告シ給ヘリ。自服ハ抗敵セサルモノノ謂《いい》ニシテ、二千余年前、既ニ近世文明ノ戦律ヲ実行シ給ヘル」として、明治時代にあってもなお、「直接赤十字事業ニ関係アルモノ」（『社史稿』）として物語られることになった。

たしかに赤十字という戦時救護運動を生みおとした要素は、近代的で、西洋的な個性を有していた。しかし、非ヨーロッパ・非キリスト教起源の国家においても赤十字の「普遍性」を養い育てようとすれば、各国に固有な社会的文化的事情に配慮しつつ、異文化の脈絡における「人道」や「博愛」の物語のなかに赤十字の理念を読みとり、読みかえていく必要があった。それは、近代日本にとっても、赤十字の受容に際して重要な課題となった。

日本の赤十字は、皇室の「恩眷」によってこの課題を克服していった。このことは、博愛社が、区別と保護をあらわす標章として「赤十字」を採用し、日本赤十字社と改称するに際していっそう明らかになった。

日本における赤「十字」への嫌悪

一八七一（明治四）年、当時軍医頭であった松本良順《まつもとりようじゅん》と、のちに軍医総監となる石黒忠悳《いしぐろただのり》が、陸軍衛生部の徽《き》章《しょう》として「白地ニ赤十字」を用いることを提議したが、三条実美《さんじょうさねとみ》が、「十文字ハ耶《や》蘇《そ》教《きょう》ノ原因セリトテ、痛ク之ヲ忌ミテ用ヰルコトヲ禁止」したという経緯があった。三条にしてみれば、国軍が「十字」を用いることなどもってのほかだったのである。

一方松本らは、いずれ日本がジュネーブ条約に加盟したあかつきには「赤十字」を用いることになるであろうから、その際に赤の縦線を加えればよいだろうということで、「朱色ノ横一文字」「白地に太陽と横一文字」の標章を使用することとした。

明治初年において、「赤十字」がいかに「本邦人士間ニ嫌悪セラレタル」かを示している。「赤十字ナル名称ハ、我国情ニ於テ、往々耶蘇宗教ニ関係ヲ有スルヤノ疑懼《ぎく》ヲ生セシム」恐れがあり（『社史稿』）、すでに述べたようなオスマン帝国の事例は、日本にとっても決して他人事ではなかった。

だが西南戦争の際には日の丸の下に赤一文字の標章を用いて救護活動をおこなったもの

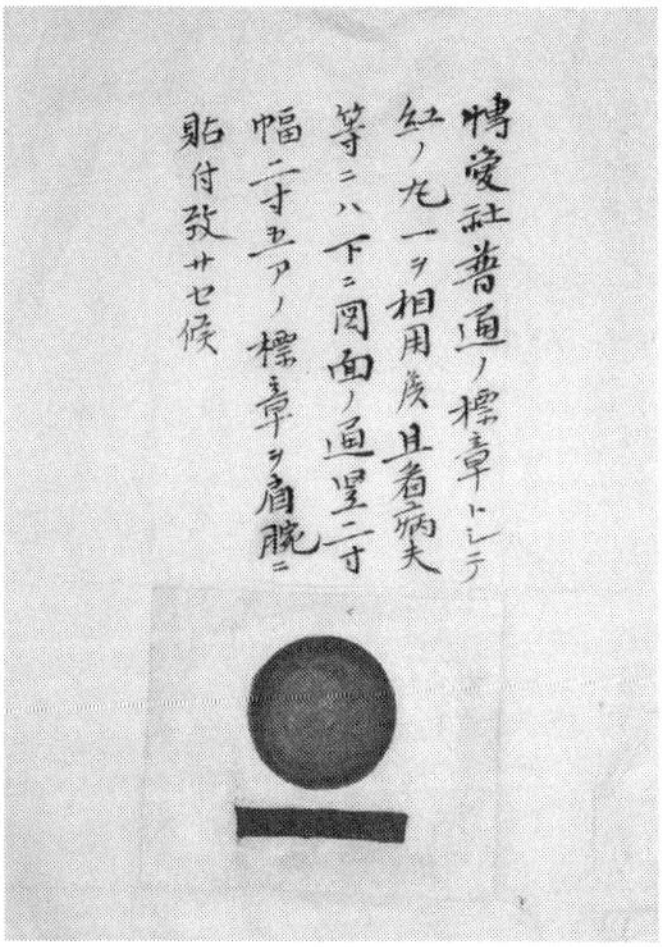

博愛社のエンブレム（日本赤十字社提供）

西南戦争で使用された赤一文字徽章（「衛生卒図」陸上自衛隊衛生学校彰古館所蔵）

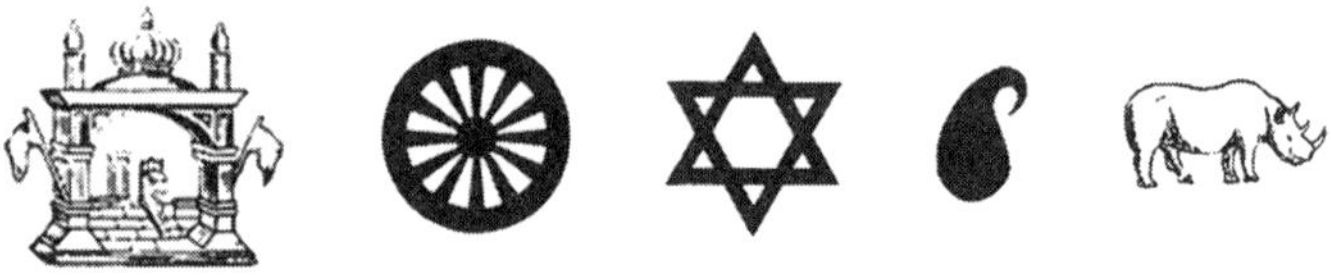

未承認標章の事例
（博愛社エンブレムも未承認．左よりアフガニスタン，インド，イスラエル，シリア，スーダン）

の、明治国家としては「世界文明国ニ伍シテ同一事業ニ従ハントセハ、世界共通ノ名ヲ用ヰル便益」を無視するわけにはいかなかった。

　ここでいう「世界文明国」とは、いうまでもなく欧米列強を意味した。ジュネーブ条約に加盟し、日本赤十字社と改称することが決まり、一八八七年三月に「日本赤十字社社則」を完成させ、臨時社員総会において審議可決した。だが、やはり「憂慮セシ所ノ宗教上ノ疑惑」や「西洋崇拝ト〔の〕嘲《あざけ》リ」が国民の間に生じることになった。

　日赤は、赤十字事業がキリスト教と関係のないことを訴えた。すでに、一八七九年には、「欧州赤十字社ト連盟スヘキ将来ニ着眼シ」て、平山省斎《ひらやませいさい》や島地黙雷《しまじもくらい》のような神道・仏教界の重鎮を議員として選出していたが、日赤改称後は、総裁の小松宮彰仁親王《あきひとしんのう》（一八八二年に東伏見宮嘉彰親王から改名）が東西本願寺門主に親書や諭告《ゆこく》書《しょ》を送り、また、京都支部の社員総会で社長の佐野が両本願寺の指

承認された標章
（左より赤十字，赤新月，赤水晶）

赤獅子と太陽

導的僧侶を招き懇切に話し合うなどして、「本社報国恤兵主義ヲ解釈」したり、「社旨ノ普及ニ勉メタ」りした。

皇后の創出と「赤十字」

具体的には、前述したように（三七ページ）、一九〇六年の国際会議で、中国、シャム（現在のタイ）、ペルシャの各代表が、赤十字標章の宗教性は否定できないが、「歴史的考慮（historical considerations）」に則して標章に敬意を払うことは可能であるとの立場を表明したのに対して、日本は、同標章の宗教性を明確に否定した。

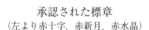

単一の保護標章として「白地赤十字」を支持している日本が、保護標章の複数化に公に賛意を表明するのは、一九二九（昭和四）年である。このときそれまで留保されてきた「赤新月」と「赤獅子と太陽」の採用について、日本はじめフランス、イタリア、オランダが賛意を表明した。一方、単一の保護標章の維持に賛意を示したのは、ルーマニアとチリのみであった。

このことは、戦時救護のための区別と保護という発想をめぐって、

義足を手にするロシア兵（博物館明治村所蔵）

もうひとつの側面から重要な問題をなげかける。国際戦争における戦時救護のためには、いうまでもなく国際的な合意と保証とが不可欠である。

　同時に、交戦国がそうした国際的合意を尊重するためには、国内的なコンセンサスがさらにもまして重要となる。また、かりにそのようなコンセンサスが内部ではかれたとしても、それを実践に移すための国際的合意のシンボルである保護標章である「赤十字」に、実質を反映させ表象させていくことには、とりわけ非キリスト教国にあっては、やはり感情的心理的に困難な側面が残る。

　前述したように、佐野に自ら髪にさした簪を差し出し、日赤の窮地を救うための助言をした昭憲皇太后は、皇室にあって赤十字事業に最も関心を寄せた女性であった。皇后時代は、西南戦争に際しては、英照《えいしょう》皇太后（孝明天皇妃）とともに、女官を促して「綿撒糸《めんさんし》

（包帯・ガーゼ）」を作らせ、他の慰問品とともに負傷兵に贈った。日露戦争期には、この慰問品のなかに日本兵だけではなくロシア人捕虜のための義足も含まれた。日本軍将兵はもとより、ロシア人捕虜がこれに感激しなかったはずはなかった。

すなわち、昭憲皇太后は、皇室の女性による災害救護と戦時慰問の嚆矢であり、博愛慈善と報国恤兵を表象する人物であった。以後、戦時に際して包帯を作成することは皇后のつとめとなった。

明治期を通じて皇后行啓は、天皇の送迎・皇太后訪問などを除けば、もっとも多いのが日赤、展覧会、催事、学校、病院で、天皇が行幸せず皇后だけが行啓した場合の行き先は日赤、病院、慈善の順であった（若桑みどり『皇后の肖像―昭憲皇太后の表象と女性の国民化』筑摩書房、二〇〇一年）。

日赤改称後の明治二十年代（一八八七～九六）には皇后の洋装が公式化され、赤十字活動を通じてその事績が海外にも知ら

洋装の昭憲皇太后

れるようになった。昭憲皇太后は赤十字を保護したが、近代日本の皇后のイメージは、その多くの部分が赤十字とその事業への保護を通じて形成されたといえるだろう。

日本赤十字社設立の四年後、のちに日本赤十字社の機関誌に昇格する『日本赤十字』の創刊号（一八九一年）には、次のような一文が掲載されている。

昭憲皇太后と赤い十字

今茲《ここ》に一言すへきことあり、十字は耶蘇教の紀号《（ママ）》なれは、或は赤十字社を以て、此の宗教と関係あるかの如く思ふ人もありぬへし、欧州の或る国に於ては、同宗教徒を集めて組織し、異教の者は、加盟を許さゝるものありといへり。然とも、是と《（ママ）》一部分の事にして、其大部面は、宗教と相牽連《けんれん》することなく、全く軍国に対する務となし、宗教以外に於て、一の大聯合を造成せるものと知られたり、且つ其の記号の如きは、前にも記す如く、瑞西《スイス》の旗章より起り、別に深き意味の存するものにあらさるなり、殊に本邦に於ては、一点も宗教の臭味を帯ふる所なく、純然たる救恤の良旨に根底するものにして、我か　天皇　皇后両陛下の嘉賞あらせらるゝ所、皇族方の賛成せらるゝ所、小松宮殿下の総裁せらるゝ所なるを以て、聊《いささ》かたりとも、宗教と関係なきや明らけし、然らは軍人の剛徳を愛重すると知らは、此社の柔徳を助け成し、両陛下の大御心に副へ奉るこそ、乃ち日本臣民の本意なるへけれ。

日本赤十字社が皇室の保護を仰いだ背景について、亀山美知子は自著『近代日本看護史Ⅰ　日本赤十字社と看護婦』（ドメス出版、一九八三年）において、赤十字標章を採用すれば「一般の反発を受けるのは必至」であり、したがって皇室による「眷護」を標榜し、その活動が「キリスト教と無関係であることを強調」する必要が日本赤十字社にあったと述べる。

さらに、亀山は、機動力のある地方ネットワークを有する両本願寺勢力が、「十字」に対して反発や疑惑を募らせることに、日本赤十字社が強い危機感を抱いていたことを指摘した。

しかし、なぜ、赤十字が、「天皇　皇后両陛下の嘉賞あらせらるゝ所、皇族方の賛成せらるゝ所、小松宮殿下の総裁せらるゝ所なるを以て、聊かたりとも、宗教と関係なきや明らけし」こととされ得るのか。

昭憲皇太后の簪と赤い十字の可視化の抱擁は、日本の近代君主のイメージ創出と関わる。川俣馨一は、『日本赤十字社発達史』において、日本と欧米諸国の赤十字の違いについて言及している。

試更一言其内容之與各国相異者。彼外国之赤十字、由宗教観念、而以博愛慈善為主旨。我赤十字社則全由忠君愛国之観念、以報国恤兵為主旨博愛焉報国。其実不似、当程反対之現象。博愛則非報国、々々則非博愛。雖欧美諸国、亦当以報国為主旨、然於形式、則標榜博愛。日本則其始以報国恤兵為主旨、其結果以博愛慈善為施行。換言之、以報国恤兵為経博愛慈善為緯也。

本来万国赤十字社条約與宗教無何等之関係。其徽章之赤十字、與耶蘇教之十字架全無因縁。蓋人所如知、現如不奉耶蘇教之土耳其亦在締盟国之中、至於篤志救護。由仁義道徳之観念而出者也。泰西諸邦、説仁義道徳不外平宗教、自然不能與宗教絶無関係。

（川俣『日本赤十字社発達史　全』明文社、一九一五年）

川俣の解説は次のように要約できる。すなわち、日本の赤十字は「忠君愛国」の観念に由来し、日本の赤十字社は「報国恤兵」をもって博愛を主旨として「慈善」をおこなう。欧米諸国においては、「宗教」の観念に由来し、「博愛」をもって「慈善」の主旨とする。しかしながら、欧米諸国においても「報国」をもって赤十字社の主旨となしているのであるから、彼らは形式的に「博愛」を標榜していることになる。ジュネーブ条約は宗教とはまったく関係なく、赤十字標章もキリスト教の十字架とは無縁である。現に非キリスト教国であるトルコも同条約に加盟し、篤志救護運動をおこなっている。赤十字は、「仁愛」と「道徳」の観念から出たものである、ヨーロッパ諸国においては、「仁愛道徳」は宗教と逃れ難く関わるものであり、宗教と全く無関係ということはありえない、と。

西南戦争期、日本赤十字社の前身である博愛社の設立に際し、佐野常民と大給恒は、戦場における人道の実践を、皇室の「眷護」のもとに進めようと試み、これに成功した。「眷護」される側が得られるであろう恩典を示唆したのである（前掲『日本赤十字社発達史全』）。

それから一〇年後、日本赤十字社設立と時を同じくする一八八七（明治二十）年五月、教育者の杉浦重剛《すぎうらじゅうごう》が「帝室」に根拠を置く「排耶論」を展開した。杉浦によれば、キリスト教は「帝室」の勢力を背景にしない限り、その影響を普及することはありえない。杉浦は、爾後《じご》、「キリスト教的博愛主義」への懐疑を表明していく（沖田行司「杉浦重剛の『理学』思想と排耶論」、同志社大学人文科学研究所編『排耶論の研究』教文館、一九八九年）。

視点をかえれば、キリスト教に厚意を示す〈伝統〉的君主と、その君主への忠誠によって統合された大多数の非キリスト教および反キリスト教臣民という配役表は、まさに、明治初年に岩倉具視が駐日イギリス代理公使のアダムスに、キリスト教徒への弾圧事件をめぐって告白した、キリスト教をめぐる「込み入った問題」すなわち同教の解禁をめぐる問題（「アダムス書簡における岩倉の天皇制見解（明治四年一〇月）」、安丸良夫・宮地正人校注『日本近代思想大系5　宗教と国家』岩波書店、一九八八年）へのひとつの答えであった。まさしく、キリスト教の布教もまた、とくに皇后の博愛慈善のなさせる業であった（土田景二編著『昭憲皇太后史』公益通信社、一九二二年）。

昭憲皇太后は非キリスト教・反キリスト教国である近代日本に赤十字を招き入れかつ国民統合の象徴装置として日本赤十字社を普及した人物であったと評価することもできよう。

戦時救護よりも早かった災害救助

すでに論じたように、赤十字は戦時救護団体として産声をあげたが、西南戦争が終わってから日清戦争が始まるまでの一七年にわたる創設期にあって、皇后が熱心に取り組み、かつ日本の赤十字を育てたものは、戦時事業より病院事業や災害救助などの、いわゆる平時の救護活動であった。とくにその創設期には、五五ページでふれたように、一八八八年七月の福島県磐梯山噴火にさいして、日赤は平時における赤十字の災害救護活動として世界で最初の事例を経験した。つづく救護活動も、一八九〇年九月のトルコ軍艦の海難救助であり、また同年十月濃尾大地震の災害救護であった。天皇・皇室の博愛慈善という観点から見れば戦時・平時という区別はなんら意味をもたなかったからである。

のちに、一八九二年、赤十字社の社則中に天災救護施行を明文化して、災害に苦悩する民を救わんとしたのも、昭憲皇太后であったといわれている（前掲『昭憲皇太后史』）。

日本赤十字社の会津磐梯山救護活動（日本赤十字社提供）

自然災害と日本赤十字社

一方、平時にあって戦時救護を主旨とする団体を維持するというのは、戦争という「凶事ヲ予メスル、是レ不詳ナリ」とする向きがあった。赤十字社の発展は、つまるところ、多数の社員と多額の資金をいかに獲得するかということにかかっている。

その意味では、ただ単に、皇室の恩眷、赤十字がキリスト教に関係ないこと、戦地の惨状や海外の赤十字社の発展、あるいは国際社会の情勢から戦争がいつ起きてもおかしくないということを国民に説き、赤十字事業の重要性や必要性を訴えるだけでは十分ではなかった。

日本赤十字社の飛躍的な醵金者数増加は、本社を東京に置き、全国に必要に応じて地方支部や委員部を設け、地方の長に支部長や委員長を嘱託するという制度を採用したことが効果を発揮したというべきであろう。

このことは、逆の見方をすれば、磐梯山噴火や濃尾地震だけでなく、各地方で自然災害や大事故が起きれば、日赤はただちにこれに呼応して平時救護をおこなう立場に置かれたことを意味した。この意味では、平時救護団体としての日赤は、設立まもない時期から地方に根ざした、民衆にとって実利的かつ救済的な組織であった。

さらに、醵金者数を増やすには年醵金の額そのものを抑えることも必要不可欠であった。そこで、一八八九年には、陸軍省と協議の上、日赤の戦時準備を予定して七五万円を獲得し、これをもって、翌年には、支払うべき一時金二〇〇円を五〇円まで軽減することに社則を改定した。

同年末には、日赤の資金総額は約二五万円にのぼり、社員総数二万六〇〇〇名余、年醵金額は五万円となり、七五万円の資本額に対しておよそ三分の一を収集するにいたった。

また、一八九一年には、さらなる社員数増員をめざして、地方部長を奨励するとともに、社員の年醵金を入社の年月から数えて一〇年で中止し終身社員の資格を有せしめること、ならびに一時金二五円以上を出すものには終身社員の資格を与えることなどの「大変革」を断行した。

地方社員の増員をめざして、日赤は、さまざまな配慮や工夫をこらした宣伝活動をおこなった。災害救護に並行して、一八八八年には「万国赤十字社創立二五周年紀祝典」を挙行し、これを赤十字国際委員会や各国に報告宣伝するということで、とくに社員数の増員に力を注いだ（日本赤十字社『万国赤十字社二十五年紀祝典書類』、ＡＩ－76、明治二十六～二十七年）。

一八九三年以降は社長自らが地方を巡回し、「祝詞朗読」のようなおざなりの演説ではなく、各地方の事情に応じた「誠実懇到」な演説をおこなうことで、「大ニ聴衆ノ感情ヲ惹起《じゃっき》」することにつとめた。そうした演説の主眼は、「帝国臣民ノ徳性ニ訴ヘテ、尊皇愛国の志気ヲ鼓舞スル」ことにあった（同前）。日赤社長は、帝国臣民としてのつとめ、天皇・皇后そして皇室の「仁愛」のなんたるかを、全国津々浦々で教え広めたのである。

日本赤十字社と皇室のつながりはたしかに国民の支持を得たが、同時に、日本赤十字社が各地方公共団体をその運動に秩序だって取り込んだこともまた、国民にとって日本赤十字社を身近な存在にしていっただろう。いったん災害や事故、戦争といった火急の出来事が起きたなら、日本赤十字社は国家や地方公共団体の仕事を引き受けていった。見方を変えれば、日本赤十字社は「皇室と国民と地方行政組織と三者一体によって維持され、発展してきたのである」。半官半民の救護団体だとの見方も可能であるが、あくまで民間の篤志団体であった（日本赤十字社『人道―その歩み　日本赤十字社百年史』共同通信社、一九七九年）。

一八八〇年代の終わりまでに広島・島根・山口・大阪に支部が、一八九〇年に入ると二府八県に支部、一府三五県に地方委員部が結成された。さらに、沖縄・台湾・韓国・満州に委員部、漢口と上海・ハワイに特別委員部が設置された。日本赤十字社は「皇室と国民と地方行政組織」をゆるやかに束ねていくことになる。

日本における赤十字の非宗教性と国際性

日本における赤十字運動は、キリスト教起源ヨーロッパを対峙すべき他者としつつ、列強の中に自己の居場所を見出し、かつ自己の文化的固有性を模索する、日本の近代君主のイメージ創出と密接に関わる。日本の「赤十字」の非宗教性の言説は、日本の皇室なる〈伝統〉と、キリスト教ヨーロッパの十字なる〈伝統〉との、対等の、あるいは前者が優位を占める〈東西〉融合を意図して創出された神話ではなかったか。

日本は、トルコやペルシャのように自己の新しい標章を採用することもなかったし、あるいは、シャムのように、「赤十字」と自己の宗教的でナショナルなシンボルを一体化させたものを保護標章として認知を訴えることもなかった。明治日本における赤十字思想の受容は、くりかえしになるが、天皇・皇后・皇室の近代的創出を軸に、文明国としての博愛慈善、そして国民皆兵にともなう報国恤兵がバランスをとりながら進展していったといえよう。

すでに述べたように、赤十字運動も赤十字標章もキリスト教を起源としないのであれば、非キリスト教国である日本においてこそ、より純粋に本来の姿を実現し得るはずであった。欧米中心主義的な普遍主義を超越した、〈真に〉普遍的な価値の象徴であるはずであった。すなわち、赤十字条約も赤十字標章もキリスト教とは何の関係も無いのであれば、キリスト教社会を分かち合うヨーロッパ起源の諸国においては、「仁愛道徳之観念」はキリスト教と不可分であるがゆえに、それらは、非キリスト教国日本において非宗教性を実現するはずであるという自負心が生まれたのである。

トルコが「赤十字」にキリスト教性を認め、ナショナルで宗教的な白地赤新月章の採用に踏みきったのに対して、日本は「赤十字」にキリスト教性を認め、「赤十字」を受容し、その表象するところを自己の〈伝統〉と一体化させ、さらに新たな〈伝統〉を創出し、それを国内外のシンボルとしていったといえよう。

国民統合と日本赤十字社

日本における赤十字運動は、博愛慈善と同時に報国恤兵という文脈でも国民統合の過程において役割を果たした。

吉田裕は、日本の近代軍隊の国民的基盤はヨーロッパ諸国と比較して、その成立過程においては著しく脆弱《ぜいじゃく》であり、かくして一八八九年の改正徴兵令の公布は、地方社会秩序と軍隊内秩序の相互依存的な構築を意図しつつ、一連の教育政策と地域社会の組織化の展開によって、近代日本社会の軍国主義化を進展させていく契機となったと述べる（吉田裕「『国民皆兵』の理念と徴兵制」、由井正臣・藤原彰・吉田校注『日本近代思想大系4　軍隊　兵士』岩波書店、一九八九年）。

一八八九年に改正された、日本兵に対して軍隊教育で用いる『兵卒教授書』には、次のような問答が掲げられた。

赤十字社の大意

問　赤十字社トハ如何
答　文明ノ諸国会盟シ戦地ニ於テ彼我ノ別ナク患者ヲ救護スルノ方法ヲ定メタル結社ナリ……
問　戦地ニ於テ赤十字ノ標章アル包帯所病院及ヒ之に属スル人員ハ如何ナル待遇ヲ受クル者乎
答　彼我ノ別ナク全ク戦争ニ関係ナキ局外中立ノモノトス
問　此ノ標章ハ擅《ほしいまま》ニ之ヲ附スルヲ得ル乎
答　否之ヲ濫用《らんよう》スル時ハ貴重ノ標章ヲ無効ニ属セシムルモノナリ
問　我国ハ此ノ社ニ同盟セラレタル乎
答　軍人ヲシテ以上ノ幸福ヲ享《う》ケシムル為明治十九年六月五日ヲ以テ加盟セラレタリ
問　若シ此ノ条約ニ違背《いはい》セシ時ハ如何
答　至仁ナル　天皇陛下ノ聖慮ニ背キ我国ノ品位ヲ堕シ我身ニ躬《みずから》ヲ刀ヲ加フルニ同シ（『兵卒教授書』内閣文庫三七一一一号）

このように近代国家形成期から成立期にかけては一兵卒にいたるまで赤十字精神が教授

されたのである。右の解説にもあるように、日本のジュネーブ条約加盟は「軍人ヲシテ幸福ヲ享ケシムル」「天皇陛下ノ聖慮」に他ならなかったのである。

上は天皇・皇后陛下から下は一兵卒まで、いまや日本赤十字社は「富国強兵」を標榜する大日本帝国の国民統合装置のひとつとして大いに機能した。以下、さらに詳細に論じることにする。

「日本国民ノ一致和合ノ主力」

さまざまな軍事援護団体のなかで、赤十字に顕著な役割とは何であっただろうか。右の問答にある、赤十字条約への加盟は天皇から兵士に与えられる「幸福」であるとする説明に注目したい。明治二十年代から三十年代前半は、軍事援護団体の形成による地域社会の〈軍事化〉が本格化する、いわば一歩手前の時期としてとらえられるが、赤十字の地方組織が形成されつつあったのは、まさにこの時期であった。

一国の赤十字運動の浸透と広がりの度合いが同社社員の数によって示されるとすれば、日本赤十字社総裁小松宮彰仁親王の全国巡行は、赤十字思想の普及と赤十字組織の発展に多大な貢献を果たしたといえよう。

たとえば、一八九八年二月、全国的にみて社員増員のふるわない地域のひとつであった山梨県の日本赤十字社支部長は、同地の名望家《めいぼうか》に次のような書簡を宛てて社員獲得――とりわけ女性社員の増員――を強く促し、このの ち、わずか三ヵ月たらずで小松宮臨場の県支部総会を催行するまでに、社員数を大増員させた。

〔日本赤十字社〕総裁小松宮殿下御臨場ヲ願ヒ、社員総会開設ノ計画ヲ届候所、現在当支部正社員ノ数ハ僅《わず》カニ二千四百五十七人ニ過キサルヲ以テ、尚二千四百五十三人ノ加盟者タルニ非ラサレハ、殿下御臨場ヲ上請スル能ハサル次第ニ有。之殊ニ婦人ノ社員ハ極メテ小数ナルカ故、他府県ニ設ケタル篤志愛護看護婦講習会ノ如キモ、未タ設置スル場合ニ至ラズ、甚ダ遺憾ノ至リニ御座候。貴下ニ於テハ已《すで》ニ御入社相成居条ト存候ニ付、御家族中ノ御婦人方ニモ此際是非共御入社被成下候様致度切望ニ堪ヘス候。依テ相改入社申込用紙相添如貴意候。（明治三十一年二月十五日、日本赤十字社山梨支部長伯爵清棲家教発、田辺有栄宛。田辺有恒家文書、甲州市教育委員会所蔵）

有賀長雄《あるがながお》は、『日清戦役国際法論』（陸軍大学校、一八九六年）において、日本赤十字社の設立に関する最も重要な点として、それが「個々ノ有志家ノ経営ニ係ル私設会同ニ非ス、日本国民全体ノ機関」であること、さらに、日本赤十字社が「国民全体ヲ包括スル公然ノ設営ニシテ上ハ君主ヨリ下ハ庶民ニ至ルマデ同一ノ目的ノ為ニ同等ノ権能ヲ以テ此ノ一個ノ団体ヲ結成スルモノ」であることを強調している。

日本赤十字社ノ成立ニ就キ頗《すこぶ》ル重要ナル一時アリ。即同社ハ個々有志家ノ経営ニ関ル使節会同ニ非ス、日本国民全体ノ機関ナル是ナリ。……全国ニ向テ唯一ノ赤十字社ノアルノミ、而シテ其ノ団結ノ本素ヲ為セラレルモノハ宗旨ニ非ス、爵級ニ非ス、実ニ日本国民ノ一致和合ノ主力ト為セルマテニ強大ナル無形ノ勢力此ノ団結ノ主導ヲ為セリ。即皇室ノ尊威是レナリ。……独リ赤十字社ノ社員章ニ限リ特ニ勅令ヲ以テ全ク内外政府ノ勲章ト同様ニ公会ニオイテ佩用《はいよう》スルコトユルサレタリ。

コレラノ事実ヲ以テ論スレバ日本赤十字社ハ国民全体ヲ包括スル公然ノ設営ニシテ、上ハ君主ヨリ下ハ庶民ニ至ルマテ同一ノ目的ノ為ニ同等ノ権能ヲ以テ此ノ一個ノ団体ヲ結成スルモノナリ。随テ日本赤十字社ガ日清戦役ニ関シテ実行シ実行セント欲シタル所ハ個々篤志家ノ意志ニ非ザルシテ国民全体ノ意志ナルト看做《みな》スヘキナリ。

このように有賀は、「日本ニ於テハ他ノ諸国ニ於テノ如ク赤十字社ノ外ニ同ジ慈善事業ヲ目的トスル宗教上又ハ爵級上ノ協会多々アルニ非ス、全国ニ向テ唯一ノ赤十字社アルノミ」と、日本赤十字社が身分や階級の区別なく「日本国民ノ一致和合ノ主力」となっている点、そしてそれが「皇室ノ尊威」によるものであることを指摘したのである。「皇室ノ尊威」によって、日本赤十字社なる組織が、身分や階級の区別ない、自発的な、

「日本国民ノ一致和合ノ主力」となっているという有賀の説明に注目したい。日本においては、「赤十字」は、天皇の統治する日本においてこそ本来の姿を実現し得るインターナショナリズムと普遍的価値のシンボルであり、赤十字条約加盟は天皇から軍人に下された「愛重」と「幸福」であった。さらに、日本における赤十字運動には、「皇室ノ尊威」による、国民統合の一装置としての側面があったといえるかもしれない。

一九〇八年六月、東京市日比谷公園で挙行された日本赤十字社第一六回社員総会には、およそ四万一〇〇〇の社員が集い、「君之代」が奏楽される中、閑院宮載仁《ことひと》親王（日本赤十字社総裁在職期間一九〇三〜四五年）が、昭憲皇太后一行を迎えた。翌々年の第一七回総会では、皇太后に対して、会場の日比谷公園を埋め尽くす日本赤十字社社員が「連呼万歳」しつつ、「『君代』之『八千代』」と合唱した（『社史稿』）。

「赤十字幻燈」

昭憲皇太后と「赤十字幻燈」

創設期の日赤による宣伝普及活動で、ひときわ世上の関心を集めたのは、一八九〇（明治二十三）年末に陸軍軍医総監の石黒忠悳《いしぐろただのり》（のちの四代社長）が考案した、「赤十字幻燈《げんとう》（石黒幻燈）」であった。ガラス板のスライド二四枚に、ナイチンゲールやデュナンの事績、赤十字条約の成立、戦傷病兵の惨状、台湾における日本軍、皇室の保護、博愛社の事業、日赤の沿革、海外での戦争における赤十字の活動、さらに、御真影などを描いて投影した。

「赤十字幻燈」は、宣伝予算の計上もままならない時期に、石黒が夫人の理解を得ていわゆる自腹を切って制作したもので、人々の視聴覚に訴えて「感情」を揺さぶり、「人性天賦《てんぷ》ノ真情ヲ発揮スルノ導火」を供しようとするものであった（石黒忠悳『懐旧九十年』岩波文庫、一九八三年。『社史稿』）。

一八九一年六月、石黒自身が、出張の折を捉えて、京都・大阪各支部の社員総会や職員協議会でこの幻燈を初めて上映した。その結果は上々で、「大ニ聴衆ノ感情ヲ惹起シ」た。翌七月十四日には、芝離宮で、佐野社長や花房義質《はなぶさよしもと》副社長も同席して幻燈会を催し、美子

赤十字幻燈（日本赤十字社長野県支部所蔵）

皇后と皇太子（のちの大正天皇）の前で、石黒自ら夫人とともに実演した。

同年七月十四日夜芝離宮ニ於テ皇后陛下皇太子殿下御覧ヲ賜ヒ佐野社長花房副社長モ御席に陪侍《ばいじ》セリ石黒男爵ハ演説夫人久賀子《くがこ》、幻燈ヲ映写シ凡《およ》ソ二時間ノ長キ盛暑ノ候ヲモ厭ハセラレス之ヲ聞召サセラレタルノミナラス夫妻ヲ御前ニ召サレ其熱心篤志ヲ賞シ給ヒ且物ヲ賜フニ至リシハ無上ノ光栄ニシテ亦陛下ノ善事ヲ奨励シ給フノ厚キヲ知ルヘシ。（『社史稿』）

皇后はこれをいたく喜んだ。「凡ソ二時間ノ長キ盛暑ノ候ヲモ厭ハセラレス之ヲ聞召サセラレタルノミナラス夫妻ヲ御前ニ召サレ其熱心篤志ヲ賞シ給ヒ且物ヲ賜フ」ほどで、幻燈はさらなる皇后の「善事ヲ奨励」することになった。

以後、「赤十字幻燈」は、東京を皮切りに、国内各地で頻繁に上映され、社業拡張に大きな役割を果たした。また、一八九二年にローマで開かれた第五回赤十字国際総会の席上で、アレクサンダー・フォン・シーボルトが、赤十字思想の普及に効果を発揮するとしてこれを紹介したために、海外でも知られるようになった。なお、前出のヘンリー・フォン・シーボルトはアレクサンダーの弟である。

石黒忠悳と「赤十字幻燈」

宮中と地方の会合とを問わず、自ら上映して歩いた石黒は、一八九三年に「赤十字幻燈」の解説書を作成している（『社史稿』、「赤十字幻燈演述の要旨　日赤社員　男爵　石黒忠悳述」一八九三年三月二十九日初版。一八九八年二月二十五日発行の補訂四版、国会図書館所蔵の原文の翻刻は、北野進『赤十字のふるさと―ジュネーブ条約をめぐって』雄山閣、二〇〇三年に収載）。

この解説書のなかで、石黒は、赤十字の普及のために、人の心を揺さぶるような話をしたり文章を書いたりするのは、なかなか難儀であると述べる。

此ニ赤十字幻燈ノ概要ヲ記スヘシ石黒男爵ハ自ラ其解説書ニ序シテ左ノ如ク曰ヘリ……貴賤ヲ通シ老若男女ヲ別タサルモノ故ニ甲ニ味アリト思ハルレハ乙ニハ適セストノ嘲ヲ来シ丙ニ面白シト賞セラルレハ丁ニハ卑近ナリト疎ンセラルルノヲ用イルヲ得ス随テ聴衆ノ感ヲ惹クコト難シ此三ヶ条ノ薦メニ聴衆ヲシテ振起スコト強キモノアリ又見ルヨリモ聞テ感ヲ起スコト強キモノアリテ一様ニハ定メ難ケレトモ例ヘハ戦地ノ惨状ノ如キハ我等ノ巧ナラサル言語ヲ以テ之ヲ以テスルノ必要ナルコトヲ考ヘ此ニ数枚ノ幻燈ヲ撰ヘリ此幻燈ニ基キ敷演セハ大ニ聴衆ノ感ヲ引クコトアラン……

戦地の惨状を言葉で伝えるよりも、あるいは単に絵画で示すよりも、絵を見ながら解説を聞けば、「一層感ヲ起コス」のだと述べたのである。

「赤十字幻燈」は、赤十字社の「主旨、未夕国民ニ普及セサル時期ニ在テ、其唯一ノ誘導機関」であった。同時に、それは、平時にあって赤十字社の社業拡張に多大な貢献をした。

のちに、日清戦争後、この幻燈は改定され、海外の戦争の事例に代えて、同戦争での日赤の戦時救護の実績を盛り込むようになった。上演時間も長くなり、上段下段あわせて四時間にわたるものとなった。

「赤十字幻燈」は、日露戦争後、いわゆる活動写真の登場によってその役目を終えることになる。それまでに、幻燈は、国内のみならず上海や満州、朝鮮半島にも普及し上映され、あらゆる年齢、あらゆる階層の人々が拍手を送った。

幻燈人気の高さに、石黒は、一九〇〇年、「赤十字幻燈演説上ノ注意」と題したパンフレットを発行し地方に頒布した。石黒は、たとえ幻燈が人気を博したとしても、上演者によって「其主旨ヲ敷衍修飾セラル、為ニ、却テ本旨ヲ愆《あやま》ル」ことを危惧した。

石黒によれば、いまや軍の野戦衛生事業は整備され、赤十字社員が活動しなければ負傷兵が路上で呻吟したようなクリミア戦争（一八五三〜五六年）やソルフェリーノの戦い

（一八五九年）は過去のものとなった。ゆえに、戦場の悲惨さを聴衆に強調して、「当局者ノ悪感ヲ引クノミナラス、聴者ヲシテ漫《すずろ》ニ戦争ヲ畏怖スルノ悪感ヲ起サシムル」ようなことがあってはならない。軍の野戦衛生制度はすでに整備され、赤十字社の事業とは、ようするに、軍を幇助し後顧の憂いをなくし、「一毫《いちごう》モ患者ノ疾苦ヲ軽減セシムルヲ目的トスル」ものである。くわえて、ジュネーブ条約に加盟している以上、敵手に落ちたとしても「決シテ憂慮スル所アルヘカラサル事」を説かねばならない。

　同様に、石黒は、赤十字事業について説明する者は、「極メテ熱心ニ、極メテ威儀ノ端正」でなければならないと諭《さと》す。「赤十字演述ヲナス者ハ、恰《あたか》モ、布教宣教スル如ク、自ラ赤十字ノ主旨ヲ篤信」しなくてはならない。もし、解説中に、皇室について言及することがあれば、「心常ニ敬恭ナル」はもちろん、服装もフロックコートか羽織袴などを着用して、威儀を整えなければならない。「両陛下ノ御写真ニ対シテハ、聴衆一同ニ声調ヲ揃ヘテ、君カ代ヲ唱ヘ」たい。さらに、「成ヘク他人ノ毀誉《きよ》ヲ挿マサル」よう注意しなくてはならない。なぜなら、赤十字事業は、人種や宗教、党派や国籍、身分の別なく、手を携えての協働だからである（『社史稿』）。

　かくして、明治前期における戦傷外科の進歩と軍医制度の成立を梃子《てこ》として、博愛社が西南戦争を契機にその産声をあげ、内戦の敗者を回収しつつ、最初の国際戦争である日清戦争にいたるまでの「平時」にその発展の基礎を固めたことは、近代日本の赤十字のあり方、ひいては戦争と人道、天皇、そして国家の関係のなかで形成されていく愛国心のあり方を大きく規定していくことになる。

吉川弘文館

新刊ご案内　2020年10月

〒113-0033・東京都文京区本郷7丁目2番8号　振替 00100-5-244（表示価格は税別です）
電話 03-3813-9151（代表）　ＦＡＸ 03-3812-3544　http://www.yoshikawa-k.co.jp/

さまざまな生涯を時代とともに描く一大伝記シリーズ！

人物叢書 新装版

日本歴史学会編集　四六判・平均300頁

●最新刊の2冊

藤原冬嗣《ふゆつぐ》（通巻306）

虎尾達哉著　二二〇〇円

藤原北家出身の貴族。嵯峨天皇の信任を得て政界の頂点に立ち、のちの摂関家興隆の基礎を築いた。漢詩や薫物の才にも秀でたほか、最澄・空海を支え仏教界にも貢献。薬子の変や自然災害を乗り越えた非凡な政治家の生涯。　三〇四頁

上杉謙信（通巻307）

山田邦明著　二四〇〇円

越後国の戦国大名。父長尾為景の死後、当主として関東管領上杉氏を助け、その姓と職を譲られる。信玄・信長と対決し、関東出陣を目前に病没。謙信発給の書状などから生涯を辿り、領国統治の実態や信仰、人柄に迫る。　三四四頁

忽ち2刷！

大学で学ぶ 東北の歴史

東北学院大学文学部歴史学科編

Ａ5判・二六八頁／一九〇〇円

日本史の中に東北の歴史を位置付けるため最適なテーマを選び、遺跡・争乱・人物や自然災害など東北独自のトピックスを盛り込んだ通史テキスト。歴史愛好家や社会人など、歴史を学びなおしたい人にも最適な入門書。

天下は戦国！

享徳の乱から大坂の陣まで、一六〇年におよぶ戦国社会の全貌を描く

列島の戦国史

全9巻 刊行中

〈企画編集委員〉池 享・久保健一郎

四六判・平均二六〇頁／各二五〇〇円 『内容案内』送呈

●新刊の4冊

3 大内氏の興亡と西日本社会

長谷川博史著

十六世紀前半、東アジア海域と京都を結ぶ山口を基盤に富を築き、列島に多大な影響を与えた大内氏。大友・尼子氏らとの戦い、毛利氏の台頭などを描き出し、分裂から統合へ向かう西日本を周辺海域の中に位置づける。

＊十六世紀前半／西日本

4 室町幕府分裂と畿内近国の胎動

天野忠幸著

十六世紀前半、明応の政変などを経て室町幕府は分裂。分権化が進み、新たな社会秩序の形成へと向かう。三好政権の成立、山城の発展、京都や大阪湾を取り巻く流通などを描き、畿内近国における争乱の歴史的意味を考える。

＊十六世紀前半／中央

6 毛利領国の拡大と尼子・大友氏

池　享著

十六世紀後半、西日本では大内氏を倒し台頭した毛利氏をはじめ、尼子や大友、島津などの地域勢力が熾烈な領土争いを繰り広げた。海外交易の実態、流通・経済の発展など社会状況も概観し、西国大名の覇権争いを描く。

＊十六世紀後半／西日本

7 東日本の統合と織豊政権

竹井英文著

十六世紀後半、関東では武田・上杉・北条らの領土紛争が激化、奥羽では伊達の勢力が急拡大する。戦乱の中で進化する築城技術や経済活動、領国支配の構造などを描き、織豊政権の介入で統合へ向かう東日本の姿を追う。

＊十六世紀後半／東日本

1 享徳の乱と戦国時代

〈2刷〉

久保健一郎著

十五世紀後半、上杉方と古河公方《くぼう》が抗争した享徳《きょうとく》の乱に始まり、東日本の地域社会は戦国の世へ突入する。室町幕府の東国対策、伊勢宗瑞《そうずい》の伊豆侵入、都市と村落の様相、文人の旅などを描き、戦国時代の開幕を見とおす。

＊十五世紀後半／東日本

続刊書目

2 応仁・文明の乱と明応の政変
大薮　海著
＊十五世紀後半／中央・西日本

5 東日本の動乱と戦国大名の発展
丸島和洋著
＊十六世紀前半／東日本

8 織田政権の登場と戦国社会
平井上総著
10月刊行
＊十六世紀後半／全国

9 天下人の誕生と戦国の終焉
光成準治著
＊十七世紀初頭／全国

6 日本宗教史研究の軌跡

佐藤文子・吉田一彦編

二九四頁

日本宗教史の諸学説はいつ、どのようにして成立したのであろうか。明治・大正以来の研究の歩みを振り返り、今後の学問の方向を探る。近代国家の展開に共振する学問史を洞察し、新たな日本宗教史研究の地平をめざす。

●続刊

2 世界のなかの日本宗教

上島　享・吉田一彦編

5 日本宗教の信仰世界

伊藤　聡・佐藤文子編

4 宗教の受容と交流

佐藤文子・上島　享編　10月発売

全巻予約受付中！

ご予約は最寄りの書店、または小社営業部まで。

【本シリーズの特色】

◉宗教史の視座から、現代日本の信仰、文化、社会などのあり方を再考する。

◉古代から現代に至る日本宗教の歴史を通史的に把握しつつ、各巻にその特徴を浮き彫りにするテーマを設定。

◉日本史・外国史・宗教学・文学・美術史・建築史・民俗学等の諸分野の成果を反映しつつ、垣根を越えて総合的に考察し、新たな人文学の方向性を模索する。

◉日本の宗教は世界史のなかにどのように位置づけられるのか。諸外国との交流により形成された宗教文化の実相を明確化し、国際社会と日本の関わりを描く。

◉仏教・神道・キリスト教・儒教・陰陽道など、個別の宗教や宗派研究の枠を出て、それぞれが融合・衝突・併存しつつ日本社会に定着した姿を考察する。

◉日本の思想・学問・芸術そして生活へと影響を与えた宗教文化の内実を論じ、人びとの信仰のかたちと死生観を明らかにする。

◉日本の宗教を私たちがどう自己認識してきたかを検証し、宗教の概念を問い直す。

歴史文化ライブラリー

●20年6月〜9月発売の7冊

四六判・平均二二〇頁

※通巻505は編集上の都合により刊行を遅延します。

人類誕生から現代まで／忘れられた歴史の発掘／常識への挑戦／学問の成果を誰にもわかりやすく／ハンディな造本と読みやすい活字／個性あふれる装幀

502 六国史以前 日本書紀への道のり 〈2刷〉

関根　淳著

日本古代史の基本史料として絶対的な古事記と日本書紀。だが、古代には〝記紀〟以外にも帝紀《ていき》・旧辞《きゅうじ》、天皇記・国記、上宮記《じょうぐうき》など多くの史書が存在した。これらの実態に迫り、古事記を一つの史書として位置づけなおす。

二八四頁／一八〇〇円

503 日本の開国と多摩 生糸・農兵・武州一揆

藤田　覚著

ペリー来航や開港・自由貿易の開始は多摩に何をもたらしたのか。際限ないカネ・ヒトの負担、生糸生産発展の一方で生じた経済格差、武州一揆の発生など、その要因・実態を探り、未曽有の大変革に生きた多摩の営みを描く。

二四〇頁／一七〇〇円

504 藤原仲麻呂と道鏡 ゆらぐ奈良朝の政治体制

鷺森浩幸著

奈良時代、政治の実権を持った藤原仲麻呂と道鏡。彼らはいかに絶大な権力を握ったのか。乱を起こし一族滅亡した仲麻呂、皇位に手が届いたかにみえたが失脚した道鏡。二人の人物像と政治背景を軸に政変の実像を探る。

二四〇頁／一七〇〇円

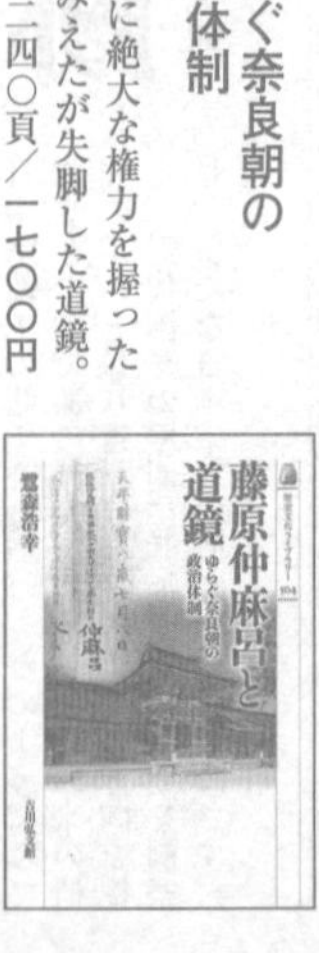

506
天神様の正体
菅原道真の生涯

森 公章著

儒者の家に生まれた菅原道真は、なぜ政治の世界で異例の出世を遂げたのか。また、なぜある日突然、大宰府に左遷されたのか。三善清行との確執や遣唐使廃止に至る真相など、さまざまな側面から〝天神様〟の姿に迫る。

二四〇頁／一七〇〇円

507
古代の食生活
食べる・働く・暮らす

吉野秋二著

食べれば残らないから、はるか古《いにしえ》の食生活は再現が難しい。誰が何をどう食べたのか。米の支給方法や調理、酒の醸造と流通、東西の市場、酒宴の様子などからアプローチ。食事を成り立たせた社会の仕組みを明らかにする。

一九二頁／一七〇〇円

508
イエズス会がみた「日本国王」
天皇・将軍・信長・秀吉

松本和也著

戦国末期に来日し、キリスト教を布教したイエズス会の宣教師たち。彼ら西洋人は、日本の権力者をどのように見ていたのか。書き残された膨大な書翰《しょかん》や報告書を分析し、実体験に基づく日本国家観、権力者観を読み解く。

二三四頁／一七〇〇円

509
難民たちの日中戦争
戦火に奪われた日常

芳井研一著

日中戦争の全面化は、中国大陸で戦禍を逃れて流浪する厖大な戦争難民を生んだ。都市爆撃が戦争の展開にもたらした影響や、国民政府と中国共産党の難民救済対策などに光を当て追跡。従来の〈日中戦争史〉に一石を投じる。

二七二頁／一八〇〇円

城郭ファン必備！

東海の名城を歩く 全3冊

好評のシリーズ東海編完結

A5判・原色口絵各四頁／各二五〇〇円 『内容案内』送呈

静岡編

中井 均・加藤理文編 〈最新刊〉本文二九二頁

今川・後北条・武田・徳川ら、群雄が割拠した往時を偲ばせる石垣や曲輪が訪れる者を魅了する。静岡県内から精選した名城六〇を、西部・中部・東部に分け、豊富な図版を交えてわかりやすく紹介。

〈既刊〉

岐阜編

中井 均・内堀信雄編

愛知・三重編

中井 均・鈴木正貴・竹田憲治編

読みなおす日本史

毎月1冊ずつ刊行中 四六判

海からみた日本の古代

門田誠一著 （補論＝門田誠一）一九二頁／二二〇〇円

古墳時代の日本は文字資料が乏しいが、東アジア海域には考古遺物を中心に様々な資料が残されている。渡来人がもたらした装身具や武器・武具、藤ノ木古墳と高句麗の王墓などから、日本の古代の国家、文化を再構築する。

武士の原像 都大路の暗殺者たち

関 幸彦著 （補論＝関 幸彦）二四〇頁／二二〇〇円

地方で闘争を繰り返し、あるいは都の治安維持のため活躍した平安時代の武者たち。武士成立以前の「兵（つわもの）」とよばれた彼らの成長と実像を、お伽草子をはじめ虚実が混入する説話や軍記を駆使しながら生き生きと描き出す。

戦国仏教 中世社会と日蓮宗

湯浅治久著 （補論＝湯浅治久）二四〇頁／二二〇〇円

民衆を対象にした仏教が地域社会に浸透した戦国時代。戦乱や災害、飢饉などに対して寺院・僧侶はどのような役割を担ったのか。民衆や領主がいかに仏教を受け入れたのかを、在地に残る具体的な事例から明らかにする。

伊達政宗の素顔 筆まめ戦国大名の生涯

佐藤憲一著 （補論＝佐藤憲一）二二四頁／二二〇〇円

戦国末期、自らの考え・意思で道を切り開き仙台藩六二万石を築いた伊達政宗。武将・文化人としての事跡を、「筆武将」とさえいわれる数多くの自筆書状をもとに詳述する。人情あふれる書状から政宗の素顔がよみがえる。

鉄道沿線からみた関東大震災
被災前・直後・復旧後の姿がよみがえる
貴重な写真帖を新装復刊！

関東大震災 鉄道被害写真集

惨状と復旧 一九二三―二四

東京鉄道局写真部編

B5横判・二九六頁
一八〇〇〇円　『内容案内』送呈

解説 老川慶喜 立教大学名誉教授

一九二三年（大正一二）九月一日、東京・神奈川・静岡・千葉・埼玉・山梨・茨城の一府六県に甚大な被害を与えた関東大震災。東京鉄道局の写真技師が、東海道線・中央線・東北線・常磐線・総武線などの沿線の被災状況や応急工事の様相を撮影した、二四四枚を収めた写真帖を新装復刊。風俗や建物など、大正末期の社会・世相もよみがえる貴重な記録。（写真はいずれも本書より）

ユネスコの世界文化遺産に登録された
平泉の魅力に迫る！

平泉の文化史

全3巻刊行中！

菅野成寛監修

B5判・本文平均一八〇頁
原色口絵八頁／『内容案内』送呈
各二六〇〇円

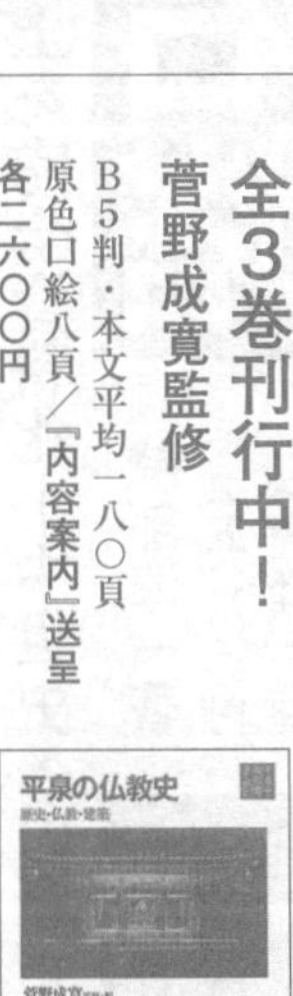

❷平泉の仏教史　歴史・仏教・建築

菅野成寛編　〈最新刊〉本文一九八頁

柳之御所の発掘調査と保存運動は、平泉諸寺院と仏教史究明への大きな契機となった。『中尊寺供養願文』や金銀字一切経などに着目し、平泉前史の国見山廃寺の性格から鎌倉期の中尊寺史まで、平泉仏教文化の実像に迫る。

〈既刊〉

❶平泉を掘る　寺院庭園・柳之御所・平泉遺跡群

及川　司編　発掘成果から、中世の平泉を復元する！

〈続刊〉

❸中尊寺の仏教美術　彫刻・絵画・工芸

浅井和春・長岡龍作編

まぼろしの南都の名園をさぐる待望の発掘調査報告書！

名勝旧大乗院庭園

本文編　四九六頁
図版・資料編　三七二頁

全2冊セット

奈良文化財研究所編集・発行（吉川弘文館・発売）

三二〇〇〇円＊分売不可
A4判・函入・外箱付

名勝旧大乗院庭園は、南都の名園と謳われた日本庭園である。奈良文化財研究所が長年の発掘調査と、豊富な文献や絵画資料との対比により、名園の全貌と歴史を解明する。高精細印刷による鮮明な図面・写真を多数掲載し、関連資料を網羅的に収集、旧大乗院庭園の歴史的価値を裏づける一冊。中近世史、庭園史、建築史、考古学、寺院史研究に必備の報告書。

『内容案内』送呈

東北から関東甲信越・静岡まで、千基以上を完全資料化—中世史への新たな提言

東国の中世石塔

磯部淳一著
二五〇〇〇円
『内容案内』送呈

余見宝篋印塔
（伝源頼朝墓・神奈川県）

畿内で成立し、東国に伝播した中世石塔。平泉文化の栄えた東北から関東甲信越・静岡にいたる千基以上の石塔を集録し、四十年にわたる現地調査による基本データと解説、写真、図表により紹介。その形態や分布から各地域の特徴を明らかにし、中世石塔の全容に迫る。資料として、五輪塔や宝篋印塔などの種類別、成立年代順の東国石塔一覧を付載する。

B5判・函入・八四六頁

元箱根二十五菩薩磨崖仏

戦国期北部九州の城郭構造

岡寺　良著

B5判・二六〇頁／一一〇〇〇円

中小武士勢力が割拠していた戦国期の北部九州。秋月氏などの城館の縄張り調査、古絵図・地籍図の分析から実態に迫る。織豊系城郭の築城技術による構造上の変化を考察し、北部九州の社会構造、政治体制の解明にも挑む。

近世の地域行財政と明治維新

今村直樹著

〈僅少〉A5判・三九四頁／一一〇〇〇円

近世の地域社会統治のため、名主や庄屋の上位に置かれた大庄屋。その一つ、熊本藩の手永・惣庄屋制の行財政機能を詳細に検討。領主制と地域社会の展開を追い、明治維新という社会変革後の地方制度への影響を解明する。

近世社会と壱人両名　身分・支配・秩序の特質と構造

尾脇秀和著

A5判・四九六頁／一二〇〇〇円

近世日本において一人の人物が異なる二つの名前と身分を同時に保持し使い分けた「壱人両名《いちにんりょうめい》」。身分の移動や兼帯はなぜ生じたのか。成立から終焉まで、多様な事例を分析。近世社会の建前と実態、本質に迫る。

富士山噴火の考古学　火山と人類の共生史

富士山考古学研究会編

世界文化遺産の富士山は、古来、噴火を繰り返し、生活に大きな影響を与えてきた。富士山考古学研究会が、山梨・静岡・神奈川の縄文～近世のテフラ(火山灰)が堆積した噴火罹災遺跡を考古学で詳細に検証し共生を探る。

A5判・三五二頁／四五〇〇円

仁和寺史料　古文書編二

奈良文化財研究所編

A5判／一二〇〇〇円　三六二頁　口絵八頁

浅草寺日記　第40巻（明治四年～明治五年）

浅草寺史料編纂所・浅草寺日並記研究会編

A5判・八一六頁／一〇〇〇〇円

日本考古学年報　71（2018年度版）

日本考古学協会編集——A4判・二三〇頁／四〇〇〇円

交通史研究　第96号

交通史学会編集——A5判・一一〇頁／二五〇〇円

戦国史研究　第80号

戦国史研究会編集——A5判・五二頁／六八二円

日本人は、何を、何のために、どのように食べてきたか？

日本の食文化 全6巻

小川直之・関沢まゆみ・藤井弘章・石垣　悟編

食材、調理法、食事の作法や歳事・儀礼など多彩な視点から、これまでの、そしてこれからの日本の〝食〟を考える。『内容案内』送呈

四六判・平均二五六頁／各二七〇〇円

1 食事と作法　小川直之編

人間関係や社会のあり方と密接に結びついた「食」を探る。

2 米と餅　関沢まゆみ編　腹を満たすかて飯とハレの日のご馳走。特別な力をもつ米の食に迫る。

3 麦・雑穀と芋　小川直之編

穀物や芋を混ぜた飯、粉ものへの加工。米だけでない様々な主食を探る。

4 魚と肉　藤井弘章編　沿海と内陸での違い、滋養食や供物。魚食・肉食の千差万別を知る。

5 酒と調味料、保存食　石垣　悟編

乾燥に発酵、保存の知恵が生んだ食。「日本の味」の成り立ちとは。

6 菓子と果物　関沢まゆみ編

味覚を喜ばせる魅力的な嗜好品であった甘味の歴史と文化。

「令和」を迎え「平成」を網羅した十四年ぶりの増補新版！

日本史総合年表 第三版

加藤友康・瀬野精一郎・鳥海　靖・丸山雍成編　一八〇〇〇円

旧石器時代から令和改元二〇一九年五月一日に至るまで、政治・経済・社会・文化にわたる四万一〇〇〇項目を収録する。便利な日本史備要と詳細な索引を付した画期的編集。国史大辞典別巻

四六倍判・一二九二頁

定評ある日本史年表の決定版

事典日本の年号

小倉慈司著　四六判・四五四頁／二六〇〇円

大化から令和まで、二四八の年号を確かな史料に基づき平易に紹介。年号ごとに在位した天皇、改元理由などを明記し、年号字の典拠やその訓みを解説する。地震史・環境史などの成果も取り込んだ画期的〈年号〉事典。

令和新修 歴代天皇・年号事典

米田雄介編　四六判・四六四頁／一九〇〇円

令和改元に伴い待望の増補新修。神武天皇から今上天皇までを網羅し、略歴・事跡、各天皇の在位中に制定された年号等を収める。皇室典範特例法による退位と即位を巻頭総論に加え、天皇・皇室の関連法令など付録も充実。

研究史、最新の見解、読むべき参考文献など、どこから、何を勉強すればよいかがわかる！

テーマで学ぶ日本古代史 全2冊

佐藤 信監修・新古代史の会編

A5判／各一九〇〇円

政治・外交編 二三二頁

古代王権の成立と展開、律令制のしくみ、天皇制や貴族の登場、遣唐使など。

社会・史料編 二七〇頁

戸籍や土地制度、宗教や文化、「記紀」をはじめとする古代の史料など。

永青文庫の古文書 光秀・葡萄酒・熊本城

公益財団法人永青文庫・熊本大学永青文庫研究センター編

【永青文庫設立70周年記念出版】 四六判／一八〇〇円

熊本藩細川家に伝わる六万点近くの歴史資料。幽斎・明智光秀・ガラシャをめぐる人間模様、忠利の所望した国産葡萄酒、江戸初期の震災と熊本城の修復、歴代当主の甲冑のゆくえなどを取り上げ、細川家の歴史の深奥に迫る。 二四四頁

好評重版

日本仏像事典

真鍋俊照編

四六判・四四〇頁・原色口絵八頁／二五〇〇円

仏像の多種多様な姿をわかりやすく解説した〈仏像事典〉の決定版。如来・菩薩・明王などの種類別に百尊を収録、各部の名称やポーズをイラストで解説する。仏の様々な信仰についても詳説。仏像鑑賞に必携のハンドブック。

鎌倉将軍・執権・連署列伝

日本史史料研究会監修・細川重男編

A5判／二五〇〇円

鎌倉幕府政治の中心にあった将軍、そしてその補佐・後見役であった執権・連署、三五人の人物に焦点を絞り、それぞれの立場での行動や事績を解説する。巻末には詳細な経歴表を付し、履歴を具体的に示す。 二七二頁

戦国期細川権力の研究

馬部隆弘著

A5判・八〇八頁／二〇〇〇〇円

細川京兆家の分裂・抗争は、結果としてその配下たちの成長をもたらす。柳本賢治、木沢長政、そして三好長慶が、なぜ次から次に台頭したのか。発給文書を徹底的に編年化し、細川から三好への権力の質的変容を論じる。

伊達騒動と原田甲斐（読みなおす日本史）

小林清治著

四六判・一九八頁／二二〇〇円

江戸の三大お家騒動「伊達騒動」。事件を脚色した歌舞伎「伽羅先代萩」では悪役の仙台藩重臣原田甲斐だが、山本周五郎の小説『樅ノ木は残った』では忠臣とされた。真相はどうだったか。史料を丹念に読み解き史実に迫る。

●近刊

※書名は仮題のものもあります。

日本仏教はじまりの寺　元興寺　一三〇〇年の歴史を語る
元興寺・元興寺文化財研究所編
A5判／二二〇〇円

図説　元興寺の歴史と文化財　一三〇〇年の法灯と信仰
元興寺・元興寺文化財研究所編
B5判／二六〇〇円

検証　奈良の古代仏教遺跡　飛鳥・白鳳寺院の造営と氏族
小笠原好彦著
A5判／二二〇〇円

光明皇后御傳　改訂増補版
宗教法人光明宗　法華寺編
A5判／六〇〇〇円

現代語訳　小右記　⑪右大臣就任
倉本一宏編
四六判／三〇〇〇円

仏都鎌倉の一五〇年（歴史文化ライブラリー510）
今井雅晴著
四六判／一七〇〇円

鳴動する中世　怪音と地鳴りの日本史（読みなおす日本史）
笹本正治著
四六判／二二〇〇円

中世醍醐寺の仏法と院家
永村　眞著
A5判／九〇〇〇円

みちのく歴史講座　古文書が語る東北の江戸時代
荒武賢一朗・野本禎司・藤方博之編
A5判／二二〇〇円

ものがたる近世琉球　喫煙・園芸・豚飼育の考古学（歴史文化ライブラリー512）
石井龍太著
四六判／価格は未定

昭和陸軍と政治　「統帥権」というジレンマ（歴史文化ライブラリー513）
髙杉洋平著
四六判／価格は未定

戦後文学のみた〈高度成長〉（歴史文化ライブラリー511）
伊藤正直著
四六判／一七〇〇円

日本史「今日は何の日」事典
吉川弘文館編集部編
A5判／価格は未定

歴史手帳　2021年版
吉川弘文館編集部編
A6判／一一〇〇円

大好評のロングセラー発売中！

日本史年表・地図
児玉幸多編
B5判・一三八頁／一三〇〇円

世界史年表・地図
亀井高孝・三上次男・林　健太郎・堀米庸三編
B5判　二〇六頁　一四〇〇円

学校教育に戦争孤児たちの歴史を！　戦争の本質を学び平和学習・人権教育にいかす

戦争孤児たちの戦後史 全3巻

浅井春夫・川満　彰・平井美津子・本庄　豊・水野喜代志編

各二二〇〇円　『内容案内』送呈

戦後七五年を迎え、これまで未解明であった戦争孤児の全体像を明らかにする。新たな資史料の探索や、残された時間の少ない体験者たちの証言も収録。全国各地の孤児の実態、国の対応と姿勢、施設での暮らしを追究する。路上生活・差別・トラウマなど、戦争孤児たちが歩まざるをえなかった過酷な戦後の現実を掘り起こし、戦争の悲惨さを考察する。

A5判・平均二五四頁

発売中の２冊

1 総論編

浅井春夫・川満　彰編　二六四頁〈2刷〉

戦争孤児の実態を数値や制度上で把握するだけではなく、一人の生の記録として着目。孤児になる経緯・ジェンダーなどの視角を重視し、現代的観点から孤児問題を考える姿勢を提示する。聴き取り調査の手法や年表も掲載する。

2 西日本編

平井美津子・本庄　豊編　二三二頁

戦後、西日本に暮らしていた孤児に着目。孤児救済に尽力した施設や原爆孤児たちのための精神養子運動などの取り組み、大阪大空襲や引揚、沖縄戦における実態を詳述。孤児出身者の原爆体験や路上生活などの証言も紹介する。

〈続刊〉

3 東日本・満洲編

浅井春夫・水野喜代志編

劇場としての戦争

一国一社主義

昭憲皇太后基金と平時事業

すでに述べたように、自然災害の多い日本では、近代国家の成立以降、災害愛国主義ともいうべき社会現象が多く見られることになる。近代日本における郷土愛や愛国主義は自然災害とそれにさいしての救護や援助ぬきには語りえない。このことは、日本赤十字社が最初におこなった救護活動が戦時にさいしてではなく自然災害にさいしてであったことからも推察できる。日本赤十字社による救護の始まりが災害出動であったことは、地方民の軍並びに日本赤十字社への信頼と称賛を高め、郷土愛から愛国主義を鍛錬し、それをもって国民統合の進展の土台となった。さて、ここにおいてふたたび、昭憲皇太后による、日本赤十字社にとどまらない国際的な平時事業促進という偉業を紹介しておく。実は、数ある世界の赤十字社・赤新月社のなかで最初に災害援助に着手したのは日本赤十字社であり、そこには昭憲皇太后の熱意があった。一九一二（大正元）年、昭憲皇太后は、第九回赤十字国際会議に際して金一〇万円を国際赤十字に寄付した。「昭憲皇太后基金」である。

これは平時事業に特化した基金であり、のちに何度も繰り返し、歴代皇后からの寄付があった。他国の赤十字社が平時事業に着手するのはおおむね第一次世界大戦以降であるから、これは病気や児童の貧困に苦しむ日本にとって画期的なことであり、皇室と日本赤十字社の博愛慈善をあますところなく世界に知らしめることになった。世界の赤十字社の平時事業を奨励し、そして今日にいたるまで、結核・伝染病などの対策ならびに看護師養成事業のために世界的に利用されている。

「赤十字愛国主義」

さて、赤十字社は、いずこにおいても、軍の衛生部隊の公認された補助機関であることのみを目的として始まった。あるいはそれを必須条件として当初設立され、あらゆる人間の苦痛からの解放というインターナショナルで普遍的なその課題の達成すべき組織として成立した。言い換えれば、いずこの国でも、ナショナルな欲求、中央のみならず地方の要請に応えるべき組織であった。

ここで押さえておくべきことは、赤十字の一国一社主義である。そもそも赤十字条約に加盟できるのは主権国家のみである。一国に二社目の赤十字社は認められない。あたかも主権国家システムを支持するかのごとき、この一国一社主義がジョン・ハッチンソン言うところの「赤十字愛国主義（レッドクロス・パトリオティズム）」につながっていく（John F. Hutchinson, *Champions of Charity: War and the Rise of the Red Cross*, Westview Press, Boulder, Colorado, 1996）。

赤十字愛国主義は単に中央だけでなく地方をも国民国家に統合していく。ここまでに述べてきた災害救助はもとより、欧米列強に対等に編入し、万国対峙を悲願とする日本にとって、いわば赤十字外交は指導層の意欲と熱望、世論との絶妙な呼応のなかで独特な位置を占めるようになっていく。赤十字外交の核心はいうまでもなく博愛慈善、万国対峙の実践である。と同時に庶民にとっては報国恤兵の唯一の組織となった。

たとえば、『日清戦役国際法論』（陸軍大学校、一八九六年）で有賀長雄は次のように述べている。

清国ハ今回ノ戦争ニ関シテジュネーブ条約ヲ採用スヘキヤ否ノ件ニ尽キ調査ノ上御報告可致様ゴ依頼ノ今日清ヲシテ我赤十字ノ主義ニ施行セシムルゴトキハ到底期望スヘ

キ所ニ非ズ。我兵士不幸ニシテ捕虜トナル者ハ救護ヲ受クルニ能ハサルノミナラズ、恐ルベキ残骸ニ逢フヲ免レザル次第ニ実ニ痛飲ノ至ニ御座候。

ようするに、日清戦争にさいして清国はジュネーブ条約に加盟していないから、もし清国軍の捕虜になるようなことがあれば残虐な目に遭うというのである。他方、日本は当時の国際法の互恵主義——一方の国がジュネーブ条約に加盟していなければ、交戦国はジュネーブ条約を遵守する必要はない——を採用せず、戦時国際法を締結していない清国にたいしても同法を遵守すると宣言した。これは欧米諸国にとって日本を文明国とみなすのに十分な出来事であった。日本は文明国であり清国は野蛮な国であるとの国際イメージが形成された。実際、日本側が危惧していたような清国軍の非人道行為は起きたし、許可なく「赤十字病院」を騙《かた》る者たちが出て、戦場は混乱をきわめた。

「余は目撃せり」

さて、十九世紀後半から今日にいたるまでの欧米社会においては、戦場の残虐行為や虐殺を大なり小なり国内世論や国際世論が該当政府や集団に批判や非難を浴びせてきた。多くの場合、そのようなニュースを報道するのは新聞ジャーナリズムであった。国家に運命を託した個人の、戦場での苦痛や死に対する社会の関心は、ジャーナリズムの進展によって、戦場と後背地の質的距離が劇的に短縮されたためいっそう高まった。徴兵され、あるいは志願し、戦場に赴いた、国家と国民のために戦う家族や隣人を、無用で不条理な苦痛と死から解放する実践としての戦時救護への期待が人々の間で高まった。かくして、国家と戦争指導層にとって、戦場の人道化は国民の士気を安定する上で無視できない課題となったのである。

ところが、博愛社にせよ日本赤十字社にせよ、これらの組織の設立には、こうした組織の結成それ自体が、欧米諸国における赤十字社の——あるいはその嚆矢となる団体の——設立について多かれ少なかれいえるような、傷病兵が放置されていることへの国民的な抗議であったという側面はなかった。日本の場合、それはあくまでも天皇の恩寵だったのである。博愛慈善にせよ報国恤兵にせよ、兵士たちが「勝ち取った」ものではなかった。

日本をして戦場の人道化なる課題に取り組ませせしめ、それを監視した者は、英国をはじめとするキリスト教ヨーロッパ起源の「白人」国家という「他者の視線」であった。極東の新興国は果たして文明国として、国際条規を遵守し紳士的に戦うことが可能だろうか。そして、そうした欧米諸国の視線こそ、日清戦争を遂行する日本が何より気にかけた問題のひとつであった。

下関条約締結の翌年、一八九六（明治二十九）年『太陽』一月号に発表された、泉鏡花の流行小説「海城発電」は、清国の人々を看護したために国賊として拷問される赤十字社職員と、日本兵とのやり取りを英国人ジャーナリストが物陰から無言で観察していたという物語である。

そして、英国人ジャーナリストは日本兵たちが敵国の少女を輪姦するのを、戸口の外で観察する「頭巾《ずきん》黒く、外套《がいとう》黒く、面《おもて》を覆ひ、身体を包みて、長靴を穿ちたる」「丈長《たけたか》き人物」として描かれている。

この時までも目を放たで直立したりし黒衣の人は、闊歩座中に動《ゆる》ぎ出て、燈火を仰ぎ李花に俯して、厳然として椅子に凭《よ》り、卓子に肩肱附きて、眼光一閃鉛筆の尖を透かし見つ。電信用紙にサラサラと、

月　日　海城発

予は目撃せり。

日本軍の中には赤十字の義務を完《まっとう》して、敵より感謝状を送られたる国賊あり。しかれどもまた敵愾心《てきがいしん》のために清国の病婦を捉へて、犯し辱めたる愛国の軍夫あり。委細はあとより。

じょん、べるとん

英国ロンドン府、アワリー、テレグラフ社編輯《へんしゅう》行幻想と耽美の小説家と評価されてきた鏡花が描いた物語であるから、反戦・非戦のメッセージや主張は読み取るべきではなかろう。むしろ「海城発電」は当時の日本に浴びせられていた西欧からの〈視線〉を、幻想的かつ耽美的に流麗な筆致で描きだしているといえよう。

黄禍論と日本

日露戦争（一九〇四〜〇五年）は、最初の黄／白の「人種戦争」であったと見なされることは少なくない。このような見方は戦争当時に支配的であったわけではないものの、人種主義が大きな影響力を持った二十世紀初頭にあって、黄色人種国家日本と白人種国家ロシアとの戦いに、人種概念がさまざまな形で影響を与えたのも事実であると、飯倉章は分析している（飯倉章『黄禍論と日本人』中央公論新社、二〇一三年）。

たとえば、戦中、ロシアは、白人国家の支持を糾合するために黄色人種脅威論である「黄禍《こうか》」論を喧伝《けんでん》したし、日本、同盟国イギリス、友好国アメリカでは、「黄禍」論に反駁《はんばく》が加えられた。実際のところは、明治日本の指導者層は日露戦争が「人種戦争」と見なされないように注意深く行動した。しかし、戦後、黄白の人種闘争観は、西洋ばかりでなく、日本人のあいだにも、とくに軍部を中心として、広まっていった。

飯倉は、日露戦争において、人種概念が外交、世論に与えた影響はいかなるものであり、同時に、日露戦争を「人種戦争」とする見方を日露戦後にわたって吟味し、近代日本の自己規定に人種観念が与えた影響を、正負両面から検討しているユニークで優れた研究者である。彼は一八八〇年代から日清・日露戦争を経て、第一次世界大戦にいたる二十世紀初頭、すなわち帝国主義の時代において、人々の思いや印象、直感を直接投影して描かれた六五八点の世界の風刺画を紹介しながら、当時の国際社会における日本の虚像と実像を描き出している。黄禍論は、日本はむろん、黄禍論に対抗して描かれたロシアに対する、すなわち日露両国に対する「誹謗中傷の歴史」に他ならなかった（飯倉章『日露戦争諷刺画大全』上下、芙蓉書房出版、二〇一〇年。同『イエロー・ペリルの神話』彩流社、二〇〇四年）。

他方、黄禍論に対抗的であったとされる米英では、さまざまな黄禍論小説が世を賑わした。あきらかに日露戦争に題材をとっていると思われる空想科学小説も出版された。興味深いことは、いくつかの著者の異なる小説において「ドクター・フー・マンチュー」なる謎の悪役中国人が登場していることであり、日本人少年が白人少年とともに悪役を倒すべく活躍する冒険ＳＦ小説が出版されたことであろう。

これらは、日露戦争から得たインスピレーションによって書かれた、まさに「空想小説」であった。

このような国際環境のなかで日本赤十字社は戦時救護に従事することになった。

日露戦争期の日赤の活動

日本は、日清・日露戦争において近代戦を遂行し得ることを西欧列強に対して証明し、日露・第一次世界大戦において「白人」捕虜を厚遇することによって自己の「文明性」を示し、西欧列強の賞賛と共感を呼び起こすことに成功した。

日本軍のロシア人捕虜厚遇

喜多義人が詳述しているように、この時期、「日赤は陸軍大臣の監督下に置かれ、その命令によってのみ救護に従事することができる。派遣人員は戦時に設置される野戦衛生長官または陸軍省医務局長が決定する。救護員は陸軍の編成に組み入れられ、派遣先では同地の指揮官の命令に従って活動し、陸軍の規律に服さなければならない。しかし、陸軍衛生部員と異なり非戦闘員であるため、危険度の高い戦線に派遣されることはない。つまり、日赤は軍の補助機関と位置づけられたのである」（喜多義人「ジュネーブ条約締結国間の日露戦争」、黒沢文貴・河合利修編『日本赤十字社と人道援助』東京大学出版会、二〇〇九年）。日赤は一五二の救護班を組織し、五一七〇人の救護員を国内外に派遣して救護活動をおこなった。

日赤の救護班は日本人の傷病兵を救護するとともに、ロシア人の傷病捕虜も救護した。日赤の救護班による捕虜救護は主に、兵站《へいたん》病院および患者療養所における傷病捕虜救護、陥落後の旅順《りょじゅん》における傷病捕虜救護、日赤本社病院船および陸軍病院船による傷病捕虜の航送および救護、松山の収容所に収容されている傷病捕虜救護、国内の予備病院および海軍病院における傷病捕虜救護であった。

この時期の日赤の捕虜救護活動において特徴的なのは、救護班による医療救護であったことである。河合利修は、現在の赤十字の捕虜のための活動は、赤十字国際委員会による捕虜訪問が主要な活動になっているが、日露戦争中の日赤は軍隊の衛生部隊の補助として、敵味方の区別なく医療救護活動をおこなったことを挙げ、赤十字の創設期に各国赤十字社が軍隊の衛生部隊の補助として活動をするために設立されたという見地から、日露戦争の捕虜救護はまさに日本赤十字社が赤十字の本来の役割を果たしたと評価している（河合利修「第一次世界大戦と看護婦の海外派遣」、前掲『日本赤十字社と人道援助』）。

「日本人は黄色い肌の下に白い心をひそませている」

黒沢文貴によれば、日露開戦の背景に、日本側の「臥薪嘗胆」イメージのみならず、「野蛮」「非文明国」としてのロシアに対する多くのマイナス・イメージが存在していた（黒沢文貴「江戸・明治期における日本の対露イメージ」、下斗米伸夫編『日ロ関係　歴史と現代』法政大学出版局、二〇一五年）。

この時期、カトリック教会と連携し、信徒を率いてロシア人捕虜の救恤に貢献した、日本のロシア正教会主任司祭ニコライは、ある英国人宣教師が、「ロシア人の野蛮」と題した論文のなかで、日本軍の戦場における勇猛さと紳士的な振る舞いを称賛しつつ、ロシア人は白い肌の下に黄色い心を隠しているが、日本人は黄色い肌の下に白い心をひそませていると述べたと、憤懣やる方ない心情でその日記を書きしるした（宣教師ニコライ、中村健之助他訳『宣教師ニコライの日記抄』北海道大学図書刊行会、二〇〇〇年）。

日露戦争期の日本は、ロシア人捕虜取扱が自国にとって、文化と人種という二つの問題と分かち難く結びついていることを意識しながらも、それに合理的に、かつある種の余裕をもって対応することができた。

ニコライが行き場のない怒りとともに、彼の祖国ロシアに対する西欧諸国の侮蔑を書き綴っていた頃、日本人法学者の中村進午《しんご》は次のようなスピーチをおこなった。

露西亜ノ俘虜ヲ当タリ前ノ待遇デモシテ置クナラバ――余程厚遇ヲシテヤラナケレバ外国デハ必ズ何カ難癖ヲ附ケテ俘虜ノ待遇ガ悪カッタト云フコトヲ言フニ違ヒナイ……我々ノ軍人ノ食フコトノ出来ナイモノヲ強ヒテ食ヘト言ッタノデアルカラ我々ノ軍人ヲ俘虜ニシテ之ヲ餓死セシメタ位ノコトハ言フニ違ヒナイ、故ニ少シ位金ガ掛カッテモ朝カラ晩マデ西洋料理ノ旨イ物ヲ食ハシテヤルガ都合ガ宜シイト思フ……日本ノ俘虜ニナレバ朝カラ「ビフテキ」ガ食ヘルトイフカラ私モ俘虜ニシテ下サイ、私モ俘虜ニシテ下サイト言フニ違ヒナイ。（中村進午「俘虜（講演）」『法学志林』五八号、一九〇四年）

戦争の残虐化と日本赤十字社の活躍

デュナンのノーベル賞受賞

二十世紀最初の年、赤十字とジュネーブ条約の提唱者アンリ・デュナンは、第一回ノーベル平和賞を受賞した。選考の本会議で議長をつとめたカール・クリスチャン・ベルネルは、「本日の受賞者は来たるべき危険が何であるかを理解し、文明が抱える大きな問題にどう取り組むべきかを理解し、そうした問題をかかえながらも諸国間の平和と友好の推進に最優先で取り組んで」きた人物と、デュナンと彼とともに最初のノーベル平和賞を受賞することになった経済学者のフレデリック・パシーを紹介した（吹浦忠正『赤十字とアンリ・デュナン—戦争とヒューマニティの相剋』中公新書、一九九一年）。ベルネルが「来たるべき危険」と「文明が抱える大きな問題」について言及し、デュナンとパシーの二人が最初のノーベル平和賞を受賞したことは、二十世紀に人類が人道主義（humanitarianism）と反戦主義（pacifism）という、平和に向けた二つの努力を通して戦争に挑んでいくことを示唆するものでもあった。

十九世紀後半にデュナンの提唱によって実現した赤十字とジュネーブ条約には、平和を維持する機能や戦争自体を禁止する条項は含まれていなかった。赤十字の人道活動は、戦場における不必要な苦痛や死を軽減することを目的として、傷病兵を保護することに始まった。言葉をかえれば、攻撃対象を制限することで「戦争の文明化」を促そうとするものであった。それゆえに十九世紀半ばの現実政治にあって、デュナンと赤十字の創設者らが訴えた人道は、一般的かつ自明道徳的概念として万人の心を揺るがし、国際社会に受け入れられえたといえよう。

第一次世界大戦では、それまでの二国間の古典的な戦争とは異なり、交戦関係が複雑であったため、捕虜問題も複雑化した。

そのため、赤十字国際委員会は、国際捕虜中央局を設置して捕虜名簿の作成や救援物資の提供のために活動した。第一次世界大戦終結までに、ジュネーブの国際捕虜中央局が作成した安否調査票は四八〇万件、捕虜に送った慰問品は一八五万個にのぼり、スイス政府の仲介により捕虜一〇万人の本国帰還も実現した。

これらの功績に対して、一九一七年、赤十字国際委員会にノーベル平和賞が贈られた。終戦後、捕虜帰還業務を担当していた国際捕虜中央局が一九一九年に閉鎖されたのちは、赤十字国際委員会がその業務を引き継ぎ、退役軍人の恩給受給のための証明書発行や行方不明者の照会などをおこなった。

ジュネーブ条約については一九〇六年に最初の条約改正がおこなわれた。ジャン・ピクテは、第一次世界大戦では同条約はよく適用されたが、戦後、交戦国双方が捕虜収容所にかなりの数の医師や看護者を残留させ、負傷者の介護にあたらせたことから、衛生要員の帰還については問題を残したと述べている（ジャン・ピクテ著、井上忠男訳、日本赤十字社・青少年課編『国際人道法の発展と諸原則』日赤会館、二〇〇〇年）。

第一次世界大戦と赤十字

大量の従軍者、戦死者、負傷者を生んだ第一次世界大戦では、交戦国の赤十字社が関わることになった自国軍のための救護活動は多岐におよんだ。たとえば負傷兵の保護業務は、彼らと戦死体を識別し、遺体を回収する業務をあわせて必要とした。戦場における瀕死者の救助は、戦死体を保護することでもあった。英国赤十字社の救護員としてフランスに赴き、英赤・聖ヨハネ騎士団合同委員

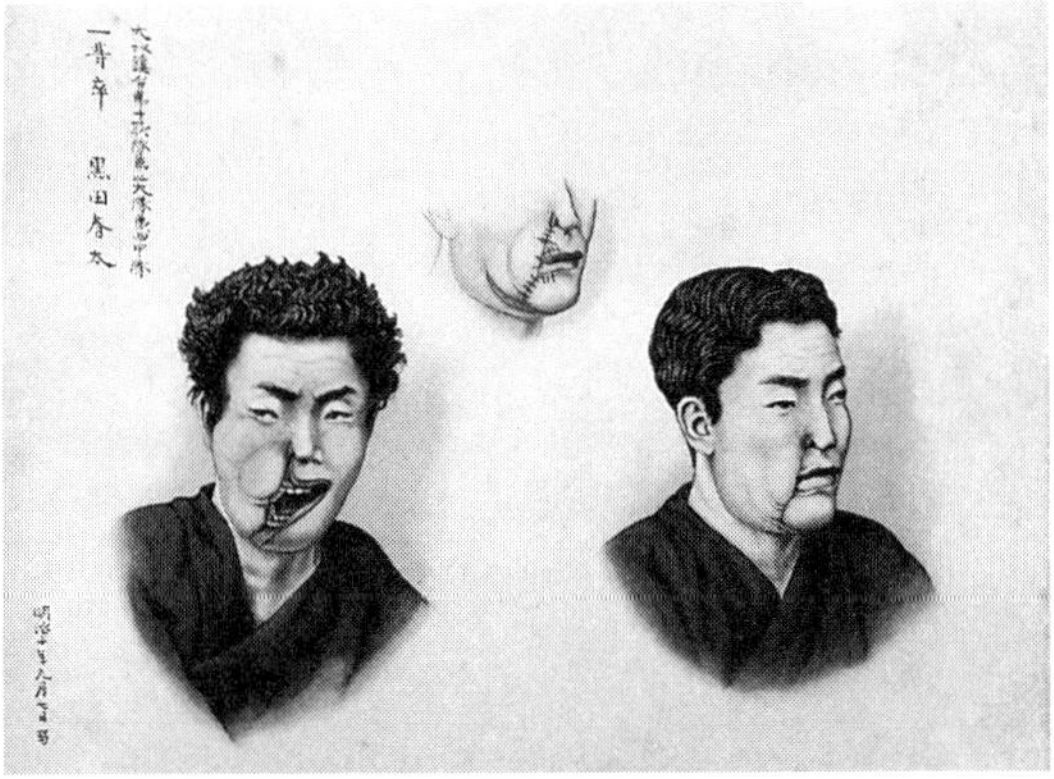

西南戦争期の形成手術前後の黒田春太（五姓田芳柳揮毫，陸上自衛隊衛生学校彰古館所蔵）

会の監督下にある自動車部隊のリーダーとして行方不明者の捜索任務についたフェビアン・ウェアは、戦死者の氏名と戦死体の埋葬された墓の位置を記録する作業をおこなった。

他方、米国赤十字社は、第一次世界大戦に特徴的な戦闘形態であった塹壕《ざんごう》戦による兵士の顔面損傷の再建に貢献を果たした。周知のように、塹壕戦は戦場に溝を掘り、その前に土を積み上げ防御し、溝のなかに身体を隠して応戦する。そのため頭部がもっとも危険にさらされた。兵士たちは鉄製のヘルメットをかぶって頭を保護したが、おかげで命拾いはしたものの顔面に深刻な戦傷を残す者が続出した。顔に受けた複雑な傷はたとえ治癒しても元通りになることはなく、負傷者の社会復帰や経済的自立を阻んだ。宗教的な理由で抑圧されてきた形成外科が欧米諸国でようやく認知されるようになったのは、まさに第一次世界大戦期のことであった。

もっとも、麻酔術はいまだ十分に発達しておらず、顕微鏡下手術のような高度な医療技術がもちろんない時代であるから、顔面修復のための手術は困難をきわめ、手の施しようのない者には彫刻家の作成したマスクが与えられる場合もあった。

右の二例は、第一次世界大戦期にとくに多様化しつつあった各国赤十字社の活動のごく一部にすぎない。第一次世界大戦は、赤十字の発祥地であるヨーロッパの交戦当事国の赤十字社にとって、本格的な常設団体として発展していくうえでの起爆剤となり転換点ともなった。

ただし、キリスト教的束縛のなかった日本においては、すでに西南戦争期から戦傷者に対する形成手術がおこなわれていたことは特記すべきであろう。

第一次世界大戦と日本赤十字社

一九一四年八月二十三日に始まる対独戦は、第一次世界大戦から戦間期における日本赤十字社の国際的地位を確固たるものにした。第一次世界大戦後、日本は「五大国」（アメリカ、イギリス、フランス、イタリア、日本）の仲間入りをして、日本赤十字社が国際的地位を増大させた時代でもあった（以下、海外派遣については、河合利修「第一次世界大戦と看護婦の海外派遣」、黒沢文貴・河合

利修編『日本赤十字社と人道援助』東京大学出版会、二〇〇九年)。

第一に、日本赤十字社は二隻の病院船を派遣し、敵国のドイツ人捕虜も救護した。ドイツ人捕虜の処遇については、当時の日赤社長花房義質《はなぶさよしもと》がとくに注意を払うよう命令していた。その結果、日本人将兵には和食が、ドイツ人捕虜には洋食がふるまわれるほどであった。

第二に、日赤看護婦一個班が佐世保《させぼ》海軍病院へ派遣された。言語の違いはしばしば救護の妨げになったが次第に習熟して、よい看護ができたという。

第三に、対独主戦場となった青島《チンタオ》にも日赤救護班が派遣された。日赤看護婦が海外の戦地に派遣されたのは初めてであったが、あらためて区別せずに救護するよう教えられた。ドイツ人捕虜は日赤看護婦に対して紳士的に振る舞ったといわれる。また同年十二月二十五日には、青島守備隊病院にて、盛大なクリスマスパーティーが開かれた。このクリスマスパーティーの開催については日本軍側に賛否両論はあったものの、赤十字精神である博愛慈善の観点から最終的に許可された。ただし、日本赤十字社としてみれば、ドイツ人捕虜と日赤看護婦が度を越えて親しくなることについては多かれ少なかれ警戒していた。

第四に、第一次世界大戦では、日赤は政府の閣議決定のもと、英国・フランス・ロシアに救護班を派遣した。先進国であるこれら三国に救護班を送ることは、日本政府にとっても一大事業であった。そもそも日本赤十字社は看護婦を募集するとき人材を選抜していたが、右記の海外派遣についてはさらに厳しい人材の選抜がおこなわれた。

ロシアへの救護班派遣は成功だったが、日赤看護婦に課せられた任務は決して容易ではなく、ロシア側の引き留めにもかかわらず、一九一六年四月には救護班は帰国した。

フランスに派遣された看護婦は二二名に上り、彼女らはすでに北清事変や日露戦争で活躍した経験を持つ者たちであった。フランス側の評価も高かったが、やはりここでも言語の壁ゆえ看護婦らの精神的負担は大きかった。同時に、フランスの上流階級からなる篤志看護婦らとのすれ違いも負担になった。フランス政府は日赤看護婦の滞在を強く望んだものの、一九一五年十二月をもって救護班は帰国した。

英国への救護班派遣については、アメリカ経由で英国へ向かったこともあり、日赤看護婦らは停泊地のアメリカで歓待を受けた。英国に到着した後も、日赤の看護婦に英国人看護婦が英語や英国の習慣を教授したため、患者側もこれを喜んだという。また、「日本婦人は従順、勤勉」との評価も得た。英国における救護活動は一九一五年二月三十一日から同年十二月であった。帰国に際して日赤看護婦の代表が国王ジョージ五世に謁見し、盛大な謝恩会が開かれた。

第一次世界大戦期に日本赤十字社がおこなった救護活動は大別すると、先述のように、病院船「博愛丸」と「弘済丸」での傷病者ならびに捕虜輸送と、ロシア、フランス、イギリスへの救護団の派遣である。日本は第一次世界大戦の戦闘にさほど従事しなかったこともあり、当時世界を襲っていた「スペイン風邪（流行性感冒）」に特化した日本赤十字社の動きは今のところつかめない。

世界で六億人が感染し第一次世界大戦の三倍以上の人命を奪ったとされるスペイン風邪については、日本では内務省衛生局が「疫学上稀に見るの惨状」と記録している（秦郁彦『病気の日本近代史』文芸春秋、二〇一一年）。軍医療の功績には目覚ましいものがあり、一九一八年の流行にさいして約一〇〇〇人のドイツ人捕虜を管理していた坂東収容所では三分の二が発病したにもかかわらず、捕虜独自の予防活動に加えて、収容所当局の食糧および医薬品の配給によって、死者は三人に抑えられた（冨田弘『板東俘虜収容所』法政大学出版局、一九九一年）。

これまでも述べたように、第一次世界大戦期の日本赤十字社の活躍は、文字通り国際的な評価を得た。黒沢文貴によれば（黒沢文貴「シベリア出兵とポーランド孤児の救出」、黒沢文貴・河合利修編『日本赤十字社と人道援助』東京大学出版会、二〇〇九年。黒沢文貴『二つの「開国」と日本』東京大学出版会、二〇一三年）、第一次世界大戦期における日本赤十字社の国際的活動はイタリア、ベルギー、セルビア、モンテネグロ、ルーマニア、英国、フランス、アメリア、スイスにまでおよんだ。

シベリア出兵とポーランド孤児の救出

さらに、日本赤十字社のユニークな活動としては、第一世界大戦後もつづいたシベリア出兵にかかわる戦時救護であった。第一次世界大戦自体は一九一八年十一月十一日に休戦協定が結ばれたが、ロシア革命に対する干渉戦争は引きつづきおこなわれていた。これに伴い日赤の救護班が要所に派遣された。

ポーランドは当時、ロシア帝国に併合されており、多くのポーランド人が政治犯としてシベリア送りになっていた。一九一八年十一月、ポーランドは独立したものの人々は相変わらず飢えと寒さと病気に苦しめられていた。ロシア革命はあまたの難民を生んだのである。

　そのような状況で、ウラジオストック在住のポーランド人たちが日本政府に悲惨な有様を説明し、救助を求めた。日本外務省はこれを「人道問題」と受け止めたものの、予算の関係で行き詰まりをみせた。そこで日本赤十字社が救護にあたることになった。

　日本赤十字社は一九二〇年七月二十日を皮切りに、合計四回にわたってポーランド孤児の救護にあたった。同時に、日赤は、ポーランド孤児救護につき世論の関心を集めるべくポスターを制作したり、新聞を通して世情に訴えたりした。この広報戦略は大成功で、ポーランド孤児たちは音楽会を楽しみ、慰安会も催された。疲れ切った子供たちにとって何よりの癒しになった。

　ポーランド孤児には皇室も関心を寄せた。貞明皇后は孤児たちを深く憐れみ、お菓子料として四回にわたり合計一五五〇円を下賜した。このことはポーランド本国にも伝わり「慈愛の御手」として知れ渡るようになった。

　ポーランド孤児の救済保護は一九二二年に第二回目の事業がおこなわれる。いずれも日本とポーランドの友好関係を促すと同時に、皇室の仁愛、博愛慈善を広く世界に知らしめることとなった。

国際赤十字・赤新月連盟の発足へ

第一次世界大戦が終わると、ベルサイユ講和条約をふまえて、各国赤十字社・赤新月社もまた、日本赤十字社が初期から力を注いできたように、平時事業にも傾注するようになる。本来、赤十字運動は戦場で戦えなくなった傷病兵（さらに第一次世界大戦になると戦死体を含む）を敵味方の差別なく救護することに目的があった。しかし、第一次世界大戦が終結する頃になると、たとえば災害の被災者に対する救援活動や将来の防災活動・防災訓練あるいは感染症対策や保険衛生上のさまざまな問題に取り組むようになった。こういう新たな方向性に即して、ジュネーブの赤十字国際員会とは別途に国際赤十字・赤新月連盟が発足した。

一九一九年二月、米英仏伊そして日本の五大国の赤十字社のリーダーが委員会を結成、同五ヵ国は各国社の代表として、各国の平時事業に本格的に取り組むようになっていった。各国の赤十字社・赤新月社は「大規模な災害が発生した際などには、国境を越えてお互いの活動を支援する責任を持」ち、その主たる任務は「日本赤十字社」の公式サイトで紹介されている。以下の通りである。

・現場での救護活動や、災害に備えた活動を行うこと
・健康な生活をおくるための保健衛生や救急法の普及をすること

・安全な輸血用血液を確保するための献血者を募集することを中心とした血液事業
・地域社会（コミュニティー）の生活をより良いものにするための社会福祉活動をすること
・災害に備えて医師や看護師を訓練し、地域医療にも貢献する医療活動をすること
・赤十字の活動に賛同する方がたによるボランティア活動とボランティアの養成を行うこと
・赤十字の精神を、次世代を担う青少年に伝えるための青少年赤十字活動を促進すること
・赤十字の基本原則や国際人道法を広めること

日本における第一次世界大戦後初の制度変更は一九二二年五月の第三一回通常総会前に作成された「日本赤十字約款」の改正である。これに先立って、一九一九年には国際赤十字社連盟が創設、翌三月には第一回連盟総会が開催されている。国際赤十字社連盟とは、赤十字運動の正式な任務に平時事業を促進することを掲げる、各国赤十字社によって結成されたものであり、戦時救護を主たる使命とする赤十字国際委員会とは密接な関係を維持する別個の組織であった。

国際赤十字社連盟の創設にさいして日本赤十字はリーダーシップをとった。日本赤十字社約款の改正は「欧州大戦がわが日本赤十字におよぼした影響」および「これによる新しい事業面の開拓」にともなう当然の帰結と捉えられた。この改正は、ベルサイユ講和条約の第二五条および国際赤十字社連盟条規第二条を根拠として、日本の平時事業の範囲を拡張することを目的としていた。

一方、戦間期になると、赤十字国際委員会は戦後平和を強化する方向で活動を再組織化した。一九二一年の赤十字国際会議にさいして、赤十字国際委員会と国際赤十字社連盟は「平和のためのアピール」を出し、赤十字が発足して以来はじめて、戦争そのものに対するみずからの立場を明確にし、不戦条約が締結されたのちの一九三〇年には、赤十字が「理解と和解、平和の維持」を支持し、その本来の目的である戦争における苦痛の緩和を実現するための「唯一の手段として、戦争に効果的に反対していく」ことを謳った決議をおこなった。

こうしたアピールや決議は、本来的に平和の維持をその機能のなかに包含していなかった赤十字にとって異例なできごとであったが、戦間期の国際社会に胎動しつつあった戦争違法観や、「戦争は文明国には不可能」になったという見解に呼応するものでもあったと

1934年第15回赤十字国際会議（毎日新聞社提供）

もいえよう。

東洋で最初の国際赤十字総会を主催

一九二三年九月一日、関東一帯を激震が走った。関東大震災である。日本赤十字社本社もまた炎上し、にわか作りの仮事務所を臨時の救護部として活動を開始した。平時における最大の救護活動であった。

日本赤十字社企画広報室編『日本赤十字社創立一二五周年記念展』（同社、二〇〇二年）によると、震災により三〇〇万人にのぼった避難民の救護のため主要駅に臨時救護所を設け、さらに赤十字病院等に一九一の救護所を開設した。この災害で全国から四四六六人の救護員が動員され、六人が殉職した。世界中から援助の手が差し伸べられ、二七の赤十字社から援助物資や義援金が届けられた。

一九三四（昭和九）年に東京で開催された第一五回赤十字国際総会は、日本赤十字社にとって最大の檜舞台であった。東洋で最初の国際赤十字総会を主催したのである。日本がリーダーシップをとって進めた平時事業に関する多くの議決が締結された。

その間、第一次世界大戦を通してあきらかになったジュネーブ条約や捕虜の待遇をめぐる規定の不備について、一九二九年七月にジュネーブで外交会議が開かれた。ジュネーブ条約の改正版と捕虜条約が採択された。改正ジュネーブ条約では総加入条項が削除され、これによってあらゆる国家が同条約に拘束されるようになった。「一九二九年の捕虜の待遇に関するジュネーブ条約」において、赤十字国際委員会は、人道活動に自主的な判断で実施できるとする「人道イニシアチブ」を付託されることになった。

捕虜の処遇変化

ところが、これまで捕虜処遇で国際的に高い評価と称賛を得てきた日本は、敵国捕虜の取り扱いに特化した国際条約である「俘虜に関するジュネーブ条約」に調印はしたものの署名はしなかった。（陸）海軍の強い反対を受けて、枢密院が賛意をしめさなかったことによる。軍が反対した理由は以下の四点である。

一、日本軍人は捕虜になることを禁じられている。
二、捕虜の優遇を保証すると、敵軍は空襲が容易になる。たとえば、敵兵が作戦終了後ただちに投降して捕虜になった場合、敵の航空燃料の使用量は半分ですむ。
三、同条約第八六条「第三国代表は立会人なしに捕虜と会談し得る」は軍機上支障がある。
四、条約をそのまま適用した場合、処罰規定が日本軍人に重く、敵将兵に軽くなってしまう。このアンバランスをただすためには、国内の懲罰令等を改定しなければならないが、それでは軍気の維持が困難となるので、不可能である。

「一九二九年の捕虜の待遇に関するジュネーブ条約」について、一九三三年十一月、翌年の東京での赤十字国際会議開催を間近に控えて、当事日本赤十字社常議員であった蜷川《にながわ》新《あらた》が次のような危惧を表明した。すなわち、同ジュネーブ条約について、日本赤十字社社員「二百数十万の社員の中に、恐らく詳しく知って居る人は多くはない」と嘆きつつ、同社主催の講習会において述べた。

此の会議〔赤十字国際会議〕に関し、私が大いに心配だと思ふ事を御参考迄に申上げて置かうと思ふ。例へば前に申したやうに、日本が宣戦無しに満州上海で武装衝突をやつた。其の折に捕虜は無かつた。徳川副社長が昨年上海に行かれました時に、特に私は其の点を伺っておいたのですが、副社長が上海病院で支那人の負傷者を御覧になつたのは七人だけであった。七人だけでも、御覧になつたことは、確かによかつた。一人の捕虜が無く、満州に於ても一人も捕虜が無い。一寸此の点に就て私には心配に思はれますが。それは私の杞憂だけで、或は何もなくて済むかも知れない。（蜷川新『赤十字条約に就て』日本赤十字社、一九三四年）

日本において戦時国際法ひいては国際条約全般が軽視されるようになるのは、一九三〇年代以降である。日本の捕虜取り扱いをめぐる劇的な落差ということについていえば、一九三一年九月十八日に始まる満州事変を重要な転機として挙げるべきであろう。いまや日本軍は「国軍」というより「皇軍」と呼ぶにふさわしくなっていく時期である。

すでに述べてきたように、日露戦争における日本軍の捕虜処遇は赤十字国際委員会の称賛を浴びた。日本の管理下にあって捕虜死亡率は〇・五%にすぎなかった。第一次世界大戦にさいしては、当時「スペイン風邪」のパンデミックにもかかわらず、捕虜収容所における罹患率・死亡率とも、市井と比較すると非常に低かった。

しかし、第二次世界大戦期になると、まさに蜷川が危惧したように、日本軍の捕虜処遇は一八〇度転換してしまう。

黒沢文貴は「日本軍による欧米人捕虜虐待の構図」（小菅信子、ヒューゴ・ドブソン共編著『戦争と和解の日英関係』法政大学出版局、二〇一一年）において、日本と「西洋世界との距離感の違い」を指摘する。すなわち、西洋的な「文明国標準を必死に習得することで西洋国際社会への仲間入りを果たそうとしていた明治・大正期の日本」は、昭和戦前期にいたると、反西洋的ナショナリズムへと舵を大きくとったのである。

つづけて、黒沢は、日清戦争・日露戦争・第一次世界大戦・対英米戦争にさいしての宣戦の詔書の相違を例に挙げる。たとえば、日清戦争から第一次世界大戦まではそれぞれ「大日本国帝国皇帝」「大日本国皇帝」であったが、一九三六年以降は「大日本帝国天皇」、太平洋戦争期になると「天皇」の名のもとに宣戦の詔書が発せられている。さらに比較検討すると、日清戦争から第一次世界大戦までは国際法を遵守して戦うことが明記されている。いわば「文明国」としての戦争をおこなうと日本は世界に向けて発信したのである。ところが、太平洋戦争にさいしては国際法遵守の文言がまるごと抜け落ちていた。

このような経緯を経て、「天皇の軍隊」であり、かつ「国民の軍隊」であった日本軍は、満州事変を契機に、国民一人ひとりが天皇により近く、精神主義的かつ神秘性をまとう

「皇軍」となっていくようになる。満州事変期以降、おびただしい軍国美談が生まれていくが、そのいずれもの本質は、戦死は天皇のためであるという固い信念であった。戦死者が増えれば増えるほど、日本の日常生活は死に近くなり、戦死は日常生活の一コマになっていった。

日本赤十字社の「本来の使命」

一九三九年二月、日本赤十字社山梨支部三恵村分区長（同村長）名で配布された日本赤十字社への入社案内状には、入社資格は「内外国人問はず老も若きも男女の区別なく一般的」であることは謳われているが、救護の無差別主義についての言及はない。

しかしながら、同文書には日本赤十字社の「本来の使命」として、「祖国の犠牲者を救援看護する」こと、「全国各支部は本社の統制下に其の府県民の人道博愛の精神乃至銃後の至情を基調」とすると説明されている。日本赤十字社に対する皇室の「眷護」に関する言及は「勅令の規定に基づき」と記されるにとどまってはいるものの、赤十字事業の意義について以下のような説明がなされている。

歓呼の声に送られ勇躍として征途に上れる将兵各位が不幸にして敵弾に仆《たお》れ、病魔に襲はれ、苦痛に呻吟するの情を偲ぶ時、之れが看護は、之が手当は勿論御家族御親類又は御隣家の方々にては決して無之、只今貴下の御協翼下さる赤十字事業の担任する処に深くも御理解賜はり、赤十字事業を通じて銃後報国の至誠を一層昂揚せられ候様お願ひ申上げて止まざる次第に御座候

国の為に尊き血を流せ！

家の為に清き汗を絞れ！

人の為に熱き涙を濺《そそ》げ！

日中戦争から太平洋戦争期（一九三七〜四五年）にかけての日赤社員数や醵金の加速度的な事業拡張は、それを支える町村分区の努力なしにはありえなかっただろう。庶民のレベルにおいても報国恤兵が博愛慈善を圧倒したことがうかがえる史料である。

「戦陣訓」の登場

出陣にあたっての「名誉の戦死」の勧めは、日本においてのみ顕著なものとは必ずしもいえないし、日本軍にあっても「大東亜戦争」期にのみ強調されたものでもない。

問題は、日本においては、一九三〇年代の排外熱と軍国熱に煽られながら、博愛慈善、人道、赤十字といった、普遍的でインターナショナルな用語が、対英米開戦期までに、反西欧としてのナショナリズムの中に放りこまれていったことである。

日本人が「西洋人」よりも文化的人種的に特異かつ優位な地位にあり得る根拠は、ひたすら戦死を恐れぬことに求められた。「博愛を標榜して起こったキリスト教には直に共鳴し得る」が「他人のために身を捨てるといふ段になると躊躇せざるを得ない」他者と、「忘我的、破我的……犠牲的精神に富むと称せられる」自己という構図が好んで描かれた（教育総監部編修『精神教育資料』九輯、偕行社、一九四〇年）。

また、日露戦争期の捕虜厚遇は「我ガ古来ノ伝統ヲ蝕《むしば》ミツツアル……西洋流観念」に基づく、「基督教的或ハ唯物観的解釈」による「誤ッタ人道主義」であると批判された（関東軍参謀教育資料「俘虜に関する教訓」二九号、茶園義男『大東亜戦下外地俘虜収容所』不二出版、一九八七年）。

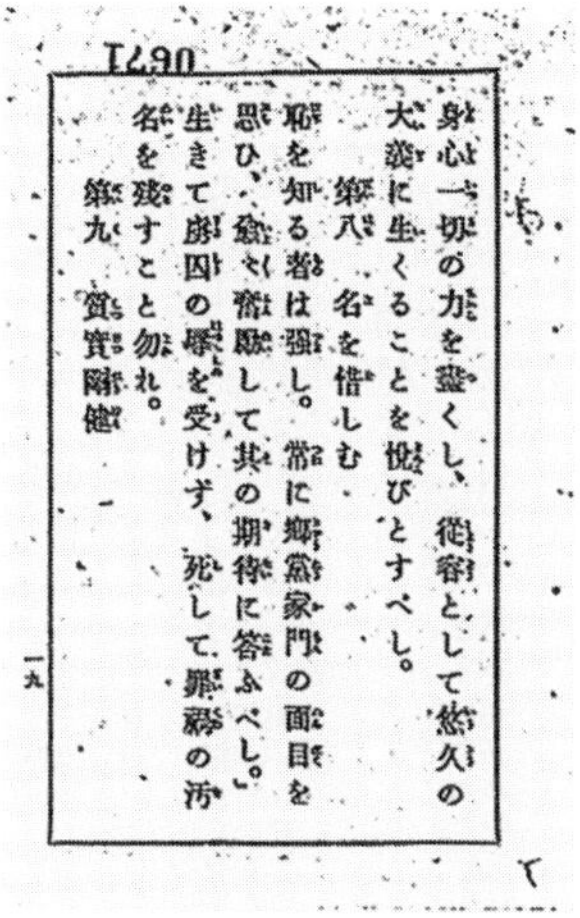
0671

身心一切の力を盡くし、從容として悠久の大義に生くることを悦びとすべし。

第八　名を惜しむ

恥を知る者は強し。常に郷黨家門の面目を思ひ、愈〻奮勵して其の期待に答ふべし。

生きて虜囚の辱を受けず、死して罪禍の汚名を殘すこと勿れ。

第九　質實剛健

一九

「戦陣訓に関する件　通牒」
（防衛研究所戦史研究センター所蔵）

さらに、『戦陣訓』（東条英機原著、教文書、一九四一年）という古典を擬したテクストは、まさにその名の通り、戦場において「日本人」であればいかに振る舞うべきかを示す「ト書き」の役割を果たしていった。

『戦陣訓』の注釈書である『戦陣訓精解』は、「服する」者や「従ふ」者に「仁」を実践するにあたって、「うはべを飾るようなこと」を戒め、「慈善を宣伝に利用する……偽善者」を批判した（三浦藤作『戦陣訓精解』東洋図書、一九四一年）。「偽善者」とは、たとえば、かつての同盟国英国であった。

「西洋」と対峙するセルフ・アイデンティティの模索と、「国民軍」の士気の維持という二つの課題は、天皇のための名誉の戦死という実践の奨励において一体化し、かくして、「生きて虜囚の辱めを受けず」という実践のみが、一九三〇年代以降、反西欧としての自己の文化的人種的優越性を示すためのパフォーマンスとなっていったのである。

他方、修身や国語の時間に「赤十字精神」とは何かを教えられた学童たちは、中国に派遣される救護班に呼びかけた。

銃剣をとつて黒鉛の中に戦ふ茶褐服の兵士の中に、平和なやさしい服を着て赤十字の旗のひるがへる下に、かひがいしく働かれる皆様方のお姿は如何に美しくも気高く見えることでありませう。……感激の涙にむせび、皆様方のご看護を、心から感謝し、有難くお思ひになることとありませう。……皆様方が、日本の女性、平和の女神として敵味方の区別もなくやさしく、美しく立派に手柄をたててくださることを毎日祈つて

居ります。(「日本赤十字社救護班出動壮行式」、山梨県教育会『山梨教育』四七五号、一九三七年)

日本のナイチンゲールと言ふべき、皆様方がやがて戦地に於て負傷したお国の兵隊さん方は勿論のこと、言葉も通じない支那の兵隊さんまでにも、真心をこめて看護して下さる尊いお姿がもう目の前に見えて居るやうな気がいたします。……戦地に咲く大和なでしこ、これこそ皆様方をたとへる言葉でございませう。(前掲書)

これらの学童たちにとって、赤十字とは国家そのものであった。赤十字とはいまや天皇であり皇后であり皇室であり、そして皇軍であった。実際には日本赤十字社の博愛慈善はほぼ崩壊し、かわって報国恤兵のほうが突出してきたと言えよう。

とはいえ、一九三〇年代末、明治以来の経験の集積として、たとえば「『非戦闘員殺戮』の語の如く宣伝的効果ある言葉は尠《すくな》」く、「殊に……欧米に於ける(日本への悪印象を与える)効果は甚大」であるということを日本は知っていた(佐藤嘉作「事変と国際法管見」『外交時報』八〇一号、一九三八年)。戦争指導者は『戦陣訓』やその注釈書が示すように、「服する」者や「従ふ」者に「仁」を実践すべきであると考えてはいたのである。

植民地主義と赤十字

幻の「満州国赤十字社」

国際法の適用をめぐる十九世紀半ばのヨーロッパの問題意識を限定していたものは、文明国概念と不可分に結びついた、キリスト教世界と非キリスト教世界なる区分であった。このような状況で、オスマン帝国という非キリスト教・非ヨーロッパ起源の国家の赤十字条約への加盟と、それにつづく保護標章の複数化による条約の一体性の動揺は、一方で同条約ができる限り多くの国家の間でその普遍性が確保されるべき性格のものであったがゆえに、国際法適用をめぐる西欧列強の問題意識を変化させる契機ともなった。西欧諸国において、赤十字運動という民間の、国際的な人道運動を生みおとした要素は、実際には、ひときわ「近代的」であると同時に

「ヨーロッパ的」な個性と発想とを有していた。
識別と保護、中立をあらわす標章として企図された白地赤「十字」標章をめぐって、非ヨーロッパ・非キリスト教起源の国家とヨーロッパ・キリスト教起源の諸国家のあいだで、それを効果的に機能するためのドメスティックな了解は、いかに図られたか（あるいは、なにゆえに図られなかったか）、また、赤「十字」という国際的言説が「国際化」していく過程で、非ヨーロッパ非キリスト教諸国のナショナル・アイデンティティとしての「宗教」はいかなる意味をもったのか、さらには、一定の時代、一定の社会において誕生した赤十字思想（愛敵思想・博愛思想）は、非ヨーロッパ・非キリスト教起源の諸国家に「土着」的な類似の価値観といかに調和したか（あるいは、しなかったか）――これらの問題は、赤十字運動と植民地主義、脱植民地・再植民地といった文脈であらためて論じる必要があるだろう。

第二次世界大戦が欧州で勃発した一九三九年までに、赤十字国際委員会によって承認された赤十字社・赤新月社・赤獅子太陽社は全部で六一社となった。このうち、日中戦争期から大戦終結までのあいだにあらたに承認されたのは、ホンジュラス赤十字社（一九三八年八月五日承認）、ビルマ赤十字社（一九三九年四月二十日）、さらにアイルランド赤十字社

アイルランド赤十字社	1939年11月2日	1945年11月24日
イタリア赤十字社	1930年5月	1919年5月5日
日本赤十字社	1887年9月8日	1919年5月5日
ルクセンブルグ赤十字社	1914年10月14日	1922年1月3日
メキシコ赤十字社	1912年1月3日	1923年10月5日
オランダ赤十字社	1868年9月21日	1919年8月15日
ニュージーランド赤十字社	1932年6月16日	1919年7月11日
ニカラグア赤十字社	1934年9月15日	1934年10月17日
ノルウェー赤十字社	1921年1月	1919年5月27日
パナマ赤十字社	1924年4月24日	1925年2月13日
パラグアイ赤十字社	1922年3月22日	1922年3月23日
ペルー赤十字社	1880年5月8日	1919年6月17日
ポーランド赤十字社	1919年7月14日	1919年9月16日
ポルトガル赤十字社	1929年9月	1919年5月28日
ルーマニア赤十字社	1876年8月23日	1919年7月14日
サルバドル赤十字社	1925年4月25日	1925年6月24日
シャム赤十字社	1920年5月27日	1921年4月8日
南アフリカ赤十字社	1928年5月10日	1919年6月24日
スペイン赤十字社	1893年6月6日	1910年8月22日
スェーデン赤十字社	1865年4月13日	1919年6月26日
スイス赤十字社	1915年1月	1919年7月17日
トルコ赤十字社	1868年8月8日	1930年4月7日
アメリカ赤十字社	1882年9月20日	1919年5月5日
ウルグアイ赤十字社	1900年6月15日	1920年1月16日
ソ連赤十字社	1928年1月3日	1934年10月19日
ベネズエラ赤十字社	1896年4月7日	1919年7月15日
ユーゴスラビア赤十字社	1876年6月11日	1919年8月22日

（日本赤十字社『日本赤十字社社史稿』5より）

第二次世界大戦終戦時の公認赤十字社（計61社）

赤十字社名	国際委承認年月日	連盟加入年月日
アルバニア赤十字社	1923年8月2日	1923年8月2日
アルゼンチン赤十字社	1882年1月10日	1919年6月23日
オーストラリア赤十字社	1927年11月17日	1919年6月19日
オーストリア赤十字社	1931年4月	1921年4月8日
ベルギー赤十字社	1928年3月	1919年5月27日
ボリビア赤十字社	1923年1月10日	1923年1月22日
ブラジル赤十字社	1912年3月16日	1919年6月17日
ブルガリア赤十字社	1885年10月20日	1921年7月20日
ビルマ赤十字社	1939年4月20日	1946年5月23日
カナダ赤十字社	1927年11月15日	1919年6月20日
チリ赤十字社	1909年4月30日	1920年2月1日
中国赤十字社	1912年7月15日	1919年7月8日
コロンビア赤十字社	1922年3月23日	1922年5月29日
コスタリカ赤十字社	1922年3月16日	1922年4月5日
キューバ赤十字社	1909年9月7日	1919年7月17日
チェコスロバキア赤十字社	1919年12月1日	1920年1月11日
デンマーク赤十字社	1876年4月27日	1919年7月12日
ドミニカ赤十字社	1927年11月16日	1931年1月19日
エジプト赤十字社	1924年2月1日	1929年5月30日
エクアドル赤十字社	1923年4月10日	1923年6月9日
エチオピア赤十字社	1935年9月26日	1950年10月16日
フィンランド赤十字社	1920年5月24日	1922年1月5日
フランス赤十字社	1907年3月1日	1919年5月5日
ドイツ赤十字社	1868年1月15日	1922年7月15日
イギリス赤十字社	1909年10月	1919年5月5日
ギリシャ赤十字社	1877年10月6日	1919年6月24日
グアテマラ赤十字社	1923年8月15日	1923年8月15日
ハイチ赤十字社	1935年9月19日	1933年6月15日
ホンジュラス赤十字社	1938年8月5日	1945年11月27日
ハンガリー赤十字社	1882年1月20日	1921年6月20日
アイスランド赤十字社	1925年4月9日	1925年5月30日
インド赤十字社	1929年2月28日	1919年8月7日
イラン赤獅子太陽社	1924年5月30日	1929年1月21日
イラク赤新月社	1934年6月16日	1934年6月23日

（一九三九年十一月二日）の三社であった。公認六一社という数は終戦まで移動しなかったものの、この間、オーストリア赤十字社はドイツ赤十字社に合併され、一九三八（昭和十三）年七月二十二日には「満州国赤十字社（満国赤十字／満赤）」が創設されたが「公認」されなかった。

「満州国赤十字社」はいかに創設されたのか。なぜ赤十字国際委員会によって承認されなかったのか。

『日本赤十字社社史稿』によれば、同社の設立経緯は以下の通りである。

満州国赤十字社創設と援助

一九三七年十二月六日、満州国民生部大臣孫其昌《そんきしょう》氏の一行が日本赤十字社を訪れ、同国赤十字社の創立に対して援助方の要請があった。

これに対して日本赤十字社では、二十二日、「対満事務委員会」を設置し、同時に「日本赤十字社の満州赤十字社援助要領」を作成し、常議会の議決にもとづき、軍当局あっせんのもと、日本赤十字社の在満州既存諸施設を合体して満州国赤十字社を創設、両国赤十字事業の総合的拡大強化をはかることになり、かねて協議を進めていた両社の協定案ができあがったので、一九三八年七月二十二日午前十一時から東京芝公園の日本赤十字社階上赤部屋で調印式がおこなわれ、ここに新満州国赤十字社が誕生することになった。

この調印式には、満州国赤十字社設立委員長でもある孫其昌をはじめ、日赤ならびに満州国政府・軍関係者が列席し、日満両文の「協定書」「細目」に署名捺印された。

全一一条からなる「協定書」の前文には、「日満不可分の関係および日満共同防衛の趣旨に鑑み、日本赤十字社の満州国における既存の施設を今次創設せらるる満州国赤十字社に合体し、以って日満両国における赤十字事業の総合的拡大強化をはかる」とある。同日、日満が共同で出した「声明書」は、満赤の創設は「ただに日満両国のために止まらず世界人道のため慶賀に堪《た》えざるところ」であり、その協定の要旨は、「日本赤十字社の満州国における既存施設を満州国赤十字社に合体してその事業を満州国赤十字社に承認せしめ両者の戦時救護事業に関しては相互密接なる連携を保持し各救護力を充実してその総合的救護力を増大するにつとめんとするにあり」とされた（「満州国赤十字社創設　自昭和一二年至同一三年」四四四九、日本赤十字社）。

『仁愛』（日本赤十字社提供）

満州における日赤の事業は、日露戦争期の一九〇五（明治三十八）年三月、本社救護班が大連において傷病兵の救護とあわせて中国人の病人を施療救護したことに端を発するとされる。

同国民〔中国民〕の本社の趣旨に賛し進んで入社を望むもの続出するにいたりしをもって翌四月に遼東《りょうとう》守備軍《しゅびぐん》参謀長に遼東委員総長を嘱託しここに満州の一角において日本赤十字社の事務機関の出現をみるにいたりしなり。その後四二年奉天病院の設立をはじめ、事業年をおうて発展し数次組織の改編を行ない大正二年三月満州委員部の制を定めて機構を整備し、業務の拡張をはかり、近くハルピン病院のほか数多の病院診療所を設置する等施設経営につとめ社員は日満人相略半し一四万余を算して今日におよびしものなり。

しかるに、さきに満州国の成立以来庶政著々《ちゃくちゃく》挙《こぞ》り国力とともに充実し諸般の制度もいよいよその整備をみるにしたがい早くも赤十字社の創設を企図してこれが援助を求めらるわが社は欣然《きんぜん》これに応じて満州国における既存の事業を新生の満州国赤十字に譲りて将来の発展に資し、いよいよその連繋を固め相提撕《ていせい》して平戦両時における赤十字事業の達成につとめて日満両国朝野の期待に副《そ》いもって至深なる皇眷に報い奉らんことを期す。

満州国赤十字社は「未公認の」赤十字社であったが、なぜ公認されなかったのかという点については、当時、ジュネーブの赤十字国際委員会に対してどのような承認手つづきをとったのか、これに対して委員会がどのような審議を経て、いかなる回答をしたのかなどを含めて、これまでの調査では不明である。

赤十字社の承認条件について、もっとも基本的な条件は、赤十字社は傷者および病者に関するジュネーブ条約が施行されている独立国の領土において設置されたものでなければならないという点である。満州国赤十字社が公認されるためには、満州国がジュネーブ条約に加盟しうる主権国家である必要があったわけだが、この問題について日赤・満赤双方の認識や軍・政府関係者の態度がどのようなものであったのかについても、今後検討していく必要がある。満州国赤十字社創設が、ドイツの満州国承認（三八年二月）ならびにオーストリア併合（同三月）後のことであることから、ドイツ赤十字社のオーストリア赤十字社「併合」問題と対照しながら見ていく必要もあろう。

太平洋戦争期の日本赤十字社

戦地での救護活動

一九四一年十二月八日に始まる対英米戦争は、蜷川新が危惧した通り、日本赤十字社を危機的かつ不名誉極まりない立場に立たせることになった。結論を先に言えば、敗戦によって被占領国となり主権国家の座から降りた日本の赤十字社は、一国一社の原則にしがたい、赤十字社たりえなくなり、「オブザーバー」に格下げになった。講和条約が発効するまで「オブザーバー」の立場に甘んじなければならなかった。

精神主義の跋扈

日清戦争では率先して戦時国際法を遵守し、日露戦争から第一次世界大戦まで捕虜厚遇で称賛された日本と日本赤十字社にいったい何が起きたのであろうか。

枡居孝によれば、対英米開戦翌日に赤十字国際委員会委員長のマックス・ヒューバー氏は「その伝統ある赤十字精神により、交戦国どうしを繋ぐ仲介者としての役割を果たすことを明らかに」したうえで日本政府に回答を求めた。同時に、「日本赤十字社に対しては、同じ赤十字の仲間として信頼し、人道事業を一緒に行うため、あらゆる援助を惜しまない」と添えられていた。赤十字国際委員会としては、急な開戦にあたって人道救護とくに捕虜や被抑留者の置かれうる状況に関心を寄せたのである。日本側も外務省から陸軍省に申し送り、かくして「俘虜情報局」の設置をもって応答した（枡居孝『太平洋戦争中の国際人道活動の記録（改訂版）』一九九六年、日本赤十字社）。

これまでの捕虜厚遇の業績も手伝い、赤十字国際委員会としてはまず満足すべき回答を得たというところであったろう。ところが、第一次世界大戦後わずか約二〇年の間に日本の捕虜観は徐々に変わってきていた。

実は、日本軍は捕虜になった西洋人をお客様のようにもてなしたものの、敵の捕虜になった日本人にはしばしば冷淡であった。いわゆるダブルスタンダードだったのである。こうした意識や態度が変化し始めるのが、第一次世界大戦の最中であった。いまや大国となった日本がなぜそのような西洋人捕虜贔屓をする必要があるのか。たとえば食事であるなら日本兵と同じでよいではないか。

陸軍は第一次世界大戦中の欧州戦線で膨大な数の将兵が投降したこと、大戦が長期化したことに衝撃を受けた。資源に乏しく工業化もいまだ完全ならぬ日本にとって、膨大な敵国人捕虜を管理するのは無理な話であった。同時に、自国軍から投降者が続出した場合、軍隊そのものが溶解しかねない。精強な軍隊をつくるために、あらためて精神主義が強調されることになった。

かくして、物質的な豊かさ、休暇を楽しむこと、具合がわるくなったら休むこと等は、日本軍にあっては、「精神がたるんでいる」ことになっていく。いかに病苦に悩み、大けがを負おうと「働かざる者食うべからず」である。

初めての前線での救護

日中戦争から第二次世界大戦終戦までは、日本赤十字社の活動が統計的に最高潮に達した時期であった。一九三六〜四五年の特別会計を加算した総支出は前一〇年間と比較すると二四九・八%にものぼった。こうした全国的な統計数値が、いかなる地方の活動を通して可能になったかについては、今後さらなる検討が必要であろう。

以下では、日中戦争期から第二次世界大戦終結までの時期の日本赤十字社の活動を概略する。

盧溝橋《ろこうきょう》事件から終戦までの期間の日赤による救護活動を概観すると、陸海軍の要請で日本赤十字社が派遣した救護班は九六〇班、救護員は三万三一五六名、その派遣地域は内地軍病院をはじめ、病院船、中国、南洋域にまでおよび、最終的に殉職者は一一〇一名にのぼった（日本赤十字社『日本赤十字社社史稿』5、一九六九年）。

この時期に日赤がおこなった戦時救護は、傷病兵への救護活動がほぼすべてを占めていた。これは一九二九年の傷病者に関するジュネーブ条約、日本赤十字社令および日本赤十字社戦時救護規則にそったものであった。また、殉職者については、それまでの戦争における死亡とは異なり、戦闘に巻き込まれたことによる例が目立った。

それ以前の戦争では、日本赤十字社は同社看護婦の戦地への派遣にはつとめて慎重であった。日清戦争から日露戦争までの時期においては、看護婦の勤務先は病院船か内地の病院に限定されていた。第一次世界大戦では、四四名が青島《チンタオ》に派遣され、七五名が英仏露三ヵ国に派遣されはしたものの、戦闘に巻き込まれることはなかった。これは男性救護員すなわち医師、薬剤師、看護人等についてもいえることであり、赤十字社の救護要員が最前線に派遣されることはなかったのである。

しかしながら、太平洋戦争末期には、救護員であっても戦闘に巻き込まれて死亡する例がでてくるようになった。戦闘の直接の影響により死亡者が生じたのが、日中戦争から太平洋戦争までの日本赤十字社戦時救護の一つの特徴であった。

たとえば、ビルマに派遣された和歌山第四九〇救護班の救護員は一九四五年五月に機《き》銃掃射《じゅうそうしゃ》をうけたり、英軍に抑留されたりして二三名のうち一五名が死亡した。

兵庫第三七六救護班はラバウルに派遣され、ジャングルの中で倒れ、あるいは急流に流されるなどのため、一九四五年八月から十一月にかけて二四名中一五名が死亡した。

岡山第三三五救護班はシンガポールで長期勤務ののち、交代のためにウラル丸に乗船し日本に向かったが、一九四四年九月二十七日に魚雷により撃沈、さらに生存者が乗船した旭邦丸も同年十月一日に撃沈され、救護員二四名のうち一四名が死亡した。

国内においては、岡山第五八七救護班二一名が呉《くれ》海軍病院および呉海兵団に勤務していたが、一九四五年七月二日の呉空襲により、防空壕の中で二〇名が死亡した。

救護員が戦闘に巻き込まれて死亡するのは、太平洋戦争末期に発生したもので、全体の死因からみると比較的少数であった。これは、最前線にまでは原則として救護班が派遣されなかったことによる。救護員の死因のほとんどは、派遣先で心身の病気や結核、チフス、コレラ、マラリアなどの感染症罹患、勤務地において加療中あるいは海外から内地に送還されて療養中に死亡した。

捕虜と看護婦（日本赤十字社提供）

赤十字の理念を胸に

日赤の戦時救護員は赤十字本来の使命を果たした者たちであったが、ジュネーブ条約や赤十字の理念をどの程度意識していただろうか。

戦時救護員の育成を目的とする「日本赤十字社看護婦養成規則」が最初に制定されたのは、一八八九年六月のことであった。同規則は、日清戦争直前の一八九三年九月に一部の教科科目――「軍人勅諭」「陸海軍人等級及び徽章」「赤十字条約」――を追加した。これらは正規科目であり、生徒はジュネーブ条約を暗記した。さらに、一九〇八年、同規則は「日本赤十字社救護員養成規則」と改称され、「赤十字事業ノ要領」は「修身」と科目統一されて昭和期にいたっていた。

日赤看護婦は、赤十字精神を学び戦場に赴いた。一九四四年に発表された合作画「大東亜戦皇国婦女皆働之図（秋冬の部）」（靖国神社所蔵）の焦点のひとつは、赤十字看護婦の赤十字腕章にある。さまざまなモチーフの中で、「赤十字」を身に着けた彼女らの姿だけが、出動していく前姿と、（おそらくは彼女らの郷土の護国）神社に叩頭する後姿の、二通りで描かれている。報国恤兵の精神がもっとも印象深く表現されている。

「こころのいろは赤十字」　日清戦争中の加藤義清の作詞、奥好義《おくよしいさ》の作曲で「婦人従軍歌」という戦時歌謡がある。昭和終戦期にわたり人々に愛唱された。別名「赤十字の歌」ともいう。以下に歌詞を紹介する。

火筒《ほづつ》の響き遠ざかる
跡には虫も声たてず
吹き立つ風はなまぐさく
くれない染めし草の色
わきて凄《すご》きは敵味方

帽子飛び去り袖《そで》ちぎれ
斃《たお》れし人の顔色は
野辺《のべ》の草葉《くさは》にさも似たり

　やがて十字の旗を立て
天幕《テント》をさして荷《にな》い行《ゆ》く
天幕に待つは日《ひ》の本《もと》の
仁《じん》と愛とに富む婦人

　真白に細き手をのべて
流るる血汐《ちしお》洗い去り
巻くや繃帯白妙《ほうたいしろたえ》の
衣《ころも》の袖は朱《あけ》に染み

　味方の兵の上のみか
言《こと》も通わぬ敵《あた》までも
いとねんごろに看護する
心の色は赤十字

第二次世界大戦中の赤十字デーポスター（日本赤十字社提供）

　あな勇ましや文明の
　母という名を負い持ちて
　いとねんごろに看護する
　心の色は赤十字

太平洋戦争開戦後は、救護員の需要増加から、以前と比較すれば博愛系科目の教授は十分とはいえなくなったにせよ、概して、ジュネーブ条約の精神は戦時救護員の意識のなかに定着していたといえよう。

この点については、戦中戦後と公刊されてきたおびただしい数の従軍看護の手記や体験記からもうかがうことができる。

日赤の伝統ある三年教育を、看護婦不測のために二年半で繰り上げ卒業で召集令状を頂き、救護班〔静岡第四八六救護班〕の一員として、親の涙も何のそので祖国を後に致しました。当時、私は十九歳の最年少者でした。……〔インパール作戦崩壊の後〕雨季が明けると、待ってましたとばかり病院は連日敵機の襲来で、爆撃、機銃掃射を受けました。その頃の勤務は外科病棟でした。ここ〔ビルマ・シャン高原・第一一八兵站病院〕では赤十字条約など全く守られませんでした。（柏崎次子「ビルマ従軍記に寄せて」、宮部一三編『白衣の天使』叢文社、一九七二年）

なんといっても〔昭和〕十九年の内はまだよい方で、二十年春から戦況悪化で患者は目も当てられぬ程でした。……一度敵の飛行機が撃墜されて全身火傷の敵兵が外科へ運ばれてきました。先ほどまで機銃掃射をしていたであろうこの飛行士、憎んでもあまりあるはずなれど、病院に来た以上は治療してやらねばなりません。「薬がもったいない、死ねばよいのだ、殺してしまえ」患者達が多数取りまいて口々に叫んでおりました。背中に私達がかくれんぼう出来るほど、体の大きな人でした。私達は親切に取り扱ってチンク油を塗って治療してあげました。これが赤十字精神というものです。

（川口和子「敵の負傷者にも愛の看護を」、前掲『白衣の天使』）

だが、引用にあるような捕獲された敵兵を実際に救護した例はまれであっただろう。

川口啓子・黒川章子編『従軍看護婦と日本赤十字社―その歴史と従軍証言』（文理閣、二〇〇八年）には、戦地に赴くことになった日赤看護婦の言葉が以下のように紹介されている。

一九四四年（昭和十九）、本当なら卒業する年の三月に召集令状を受け取りました。

軍隊の命令を受けて、日赤が赤紙を発行するんです。

女の人で召集令状をもらうということは、本人の名誉であり、家の名誉であり、一族の名誉でありました。そう言えば聞こえはいいのですが、これは絶対的な力を持っていましてね。日赤に入るときは、卒業後二カ月は日赤で働いて、その後一二年間日赤の召集に応ずる義務がある。身の上でどんなことがあろうとそれに応じなければならない、という誓約書を書いて入学するわけです。ですから、召集令状は覚悟の上でした。

国内に乳飲み子を置いていく看護婦は、おっぱいをあげられないもんだから胸が張ってくるわけです。そうなると、どんなに忙しくても子どものこと思い出して、病室のかげで泣きながら乳をしぼったという話などいっぱいありますよ。（肥後喜久恵談）

博愛社から日本赤十字社が設立され、看護人から看護婦へと主力が変化していくとき、日本赤十字社の広報をかねて看護婦となったのは華族夫人・令嬢だった。欧化政策の下、ドレスと見まごう白衣を身にまとい、「文明国」日本を欧米列強に誇らかに示す女性たちであった。

太平洋戦争期の日赤看護婦は、少なからぬ者たちが貧しい家庭に生まれ、ときに間引きを免れ、教育を満足に受けられず、さらに勉学を進めるために、あるいは軍国少女の淡い夢のなかで日本赤十字社の看護婦養成学校へ進んだのだった。

広田和子『証言記録　従軍慰安婦・看護婦』（新人物往来社、文庫版二〇〇九年）には、太平洋戦争期ならびに戦後における、筆舌に尽くし難い日赤看護婦の体験が記されている。無差別な攻撃にあい、命の危険にさらされた経験も多い。

『日本赤十字社社史稿』5（一九六九年）によれば殉職救護員の死者数は太平洋戦争末期に激増している。殉職した看護婦の死亡原因と死亡者内訳数は、病死が三九七七名、戦病死が四八三名、戦死が一〇六名であった。看護婦長については、同様に、病死二六八名、戦病死二七名、戦死が一一名であった。なお、これらの数字は一九四五年八月十五日のものである。

俘虜救恤委員部の活動

一九四二年一月十四日、日赤は「日本赤十字社俘虜救恤委員部規則」を制定し、日赤外事部に「俘虜救恤委員部」（委員長は島津《しまづ》忠承《ただつぐ》副社長）を設置して、捕虜と非抑留者に対する救護を開始した。この俘虜救恤委員部は、一九一四（大正三）年十二月五日、第一次世界大戦に対応する形で発足した「俘虜救恤委員会」をその前身としていた（『社史稿』5）。

ジュノー（右端）とストレーラー（その隣）（日本赤十字社提供）

俘虜救恤委員部は「俘虜非軍人タル従軍者ニシテ俘虜ノ取扱ヲ受クルモノ及被抑留者等ノ救恤ニ関スル事務ヲ掌ル」と規定され、その主な事務内容としては、「帝国ノ権内ニ在ル俘虜及被抑留者ニ対シ、外国赤十字社ノ俘虜救恤委員部ヨリ『ジュネーブ』俘虜情報中央部ヲ介シテ或ハ直接ニ救恤金品ヲ送リ来リタルトキハ、軍事官憲ノ指示ヲ得テ交付手続ヲ為シ、又同俘虜及被抑留者ノ所在及安否ニ関スル情報ヲ要求シ来タリタルトキハ、関係当局ニ就キ必要ナル情報ヲ得之ヲ俘虜情報中央部又ハ外国赤十字社ニ回報スルコト」とされた。

同委員部は、「軍事官憲」の監督下で、主として捕虜に関する事務処理を担当し、捕虜への救恤品の配分、安否調査、赤十字国際員会代表による収容所視察のさいの通訳ならびに旅行の手配など、同委員会を補佐する活動をおこなった。

具体的な活動内容を掲げると、一九四二年には島津委員長が大阪、東京、川崎、横浜の収容所視察をおこなった。また、救援金や救援品の支給、各国からの救援品の支給をおこなった。一九四三年には、香港、フィリピン、仏印、シンガポールの収容所を二ヵ月にわたって視察した。

また、赤十字通信の発受信もおこなった。一九四四年には、西部軍管轄下にある収容所の視察や東京の収容所の視察をおこなった。一九四五年には、赤十字国際委員会の収容所・抑留所の視察に便宜をはかった。とはいえ、戦局が悪化するにつれ、委員部は日本人捕虜関係の業務で手いっぱいの状態になっていった。

戦後、ある俘虜救恤委員部の部員は、「当時は戦時逆転のポイントになったミッドウェイ海戦の詳細も知らされず、戦争の帰すうについておぼろげな不安はもちつつも、赤十字国際委員会に日本内地や占領地で十分な活動をさせてあげたいということだけを考えていたものだった」と回想している（M・ジュノー著、丸山幹正訳『ドクター・ジュノーの戦い増補版』勁草書房、一九九一年）。終戦後、俘虜救恤委員部を訪れた国際赤十字委員会代表ジュノーとストレーラーは、そこで「一五歳の少女が〔連合軍捕虜関係の〕すべての書類を管理していた！」とそのときの衝撃を回想した。

戦場は人道化できるのか

「戦場に博愛を」と極東捕虜

戦後、赤十字国際委員会は戦犯裁判に対して自らの中立的立場を堅持するために、国際検察局からの再三にわたる裁判への協力要請を拒否しつづけた。以下においては、日本軍の捕虜虐待に焦点をあわせて「戦場に博愛を」（Frederic Siordet, *Inter Arma Caritas, the work of the International Committee of the Red Cross during the Second World War*, The International Committee of the Red Cross, Geneva, 1948; popular edition 1973）を紹介する。

「戦場に博愛を」によれば、極東捕虜——日本軍管理下の捕虜——の問題は、ソ連軍によるドイツ軍の過酷な処遇、ユダヤ人迫害とならんで、第二次世界大戦における赤十字国際委員会の「大失敗」の一つであった。ジオルデは、「戦争の苦しみに対する六年間の戦いの中で、国際委員会はひとつならず失敗を犯した」から「委員会に対してその失敗を痛烈に避難する人々は、ジュネーブではそうした失敗が、それほど痛感されなかったということを知るべきである」と述べる。

これらの失敗については「まさに最悪である。文明の敗北なのだ」とする。そして、とくに極東では「全てが『独自』になされ」「委員会が望む通りの行動は取れず、他の戦場では実現できたであろう全てのことが、ここでは成し遂げられなかった」ゆえに、この主題は「独自に扱われる価値」があると指摘する。

極東における特異性とは、第一に、「戦争の性質」にある。ジオルデは、日本軍の主たる戦場は「海洋」であり、「『海洋』の戦争は大陸の戦闘行為とは比較のしようがない」と、輸送通信の不便から赤十字国際委員会の活動が限定されていたことを強調する。

離れた数箇所の収容所については、まさに遠征であった。彼等は収容所を視察していた。しかし、それで全てではなかった。降伏後に、内地だけではなく、決して通知されなかった六〇の収容所の現在地を知らなければならなくなった！　さらに、当局は、代表が立会人なしで捕虜と会話する権利を常に拒否したように、実人数を示すことを

拒んだのである。（前掲書）

視察について、日本軍は作戦遂行地域における赤十字国際委員会の代表の存在を認めなかったので、彼らの収容所訪問の要請は原則として許可されなかった。それに対して戦争の全期間を通じて少なくとも一三四回におよぶ収容所訪問の要請に関する抗議がおこなわれた。例外的に視察を認可した香港、タイ、フィリピンなど一部の収容所においても、訪問日時の短縮、捕虜との面会制限などで活動はしばしば妨害された。

第二に、救恤品だが、これについても「いかなる外国の船舶も、国際委員会旗を掲げていても、日本の港に救恤品を持ち込むことを許可され」なかった。かろうじて七〇〇〇トンの救恤品が送付され、現地で物品を購入するために一九〇〇万スイス・フランが移された。

しかし、日本が「欧米枢軸国の権力下で受領したものの二分の一」にすぎなかった。戦後、BC級裁判において捕虜殺害あるいは虐待容疑で起訴された戦犯の多くが、赤十字救恤品の保留、横領を問われたが、前述の理由で物資自体が限定された地域に限定された数量しか送付されなかった。

第三に、一九二九年ジュネーブ条約「準用」問題である。この問題に関連してジオルデは独自の見解を展開する。すなわち、たとえ日本軍が一九二九年の捕虜条約を厳密に適用していたとしても、その権力下にある捕虜と抑留者はヨーロッパやアメリカにおいてほどは良く扱われなかっただろう。なぜなら、ジオルデによれば、当時の欧米と日本の間に存在する生活習慣や文化の異質性から導き出される。ジオルデは、食生活について、「日本兵の習慣は白人にとっては飢えと病の制度」となり、日本の軍隊が慣れている生存の一般的状況と規律形態は、「白人捕虜に対してはすでに一種の屈辱となる」と指摘する。

第四に、日本的捕虜観の特殊性があげられる。「日本人兵士の出征は、しばしば家族的な一儀式であり、葬儀を意味する」。その瞬間から、確かに、兵士は家族にとって死者と等しく、兵士が帰宅するには凱旋か、あるいは骨灰になるしかない。捕虜になることは名誉を損なうだけではなく、その家族をも辱める。ほぼ「社会的死者 un mort civil」なのだ。天皇が命じた、個人的降伏や捕獲が兵士にとって不名誉にならない最終的降伏まで、日本人捕虜は希であった。捕虜は配慮を要求しないだけでなく、さらに人間性を以て扱われることも、赤十字が捕虜の運命に関心をもっていることも理解していなかった。捕虜は郵便物の利用や自分の名前を示すことさえもほとんど拒否していた。そして家族に恥辱を強制するより、むしろ死を期待し東京の赤十字社俘虜救恤委員部においても同様であった。そこでは、古い記録の中に捕虜名簿や通信が未処理のまま残されて

極東国際軍事裁判

いた。しかし、それを恥ずべきことだとみなすのは後のことだ。なぜなら、そうすることによって、委員部は、捕虜情報に安堵するより苦悩する家族に対してより人道的であったといえるからである。（前掲書）

法王庁による批評―マレラ覚書

「戦場に博愛を」は、捕虜虐待と日本人の心的状況の関連性を強調した点で、やはり戦争中に救恤活動を展開したローマ法皇庁の駐日使節パウロ・マレラ大司教による「覚書」と共通している。「戦場に博愛を」は、「失敗」という表現からも推察されるように、赤十字国際委員会の弁明ともとれるが、いずれにせよ日本軍による捕虜虐待を、異文化圏で起きた悲劇としている点に特徴がある。

マレラによれば、ヴァチカンの使節団は「法王庁の訓令に基いて」「戦争中日本に於ける俘虜及民間抑留者並びに海外に於ける俘虜及び日本人民間抑留者の全部の慰安に従事」し、法皇庁の命により日本外地の捕虜収容所宛に救恤金を発送していた。マレラは自らの在日経験をふまえて、日本軍による捕虜虐待を次のように評価している（極東国際軍事裁判弁護側書証第二二四一号「マレラ覚書」）。

私は戦前久しく日本に住み、多かれ少なかれ戦争中、日本国民と運命を共にした。此の経験を生かして、私は或る事の言訳をしやうとか、正常化しやうといふのではなく、俘虜に関する限りの此の国の心的状態を説明いたし度《た》い。暴行、虐殺は兎に角として、住居、被服に関する俘虜の状態は全く一般国民のそれと同じであった……日本に於ては生活水準は常に通常のものより遥かに低かったが、戦争中は一層極端に低下して国民は殆《ほとん》ど食べるものなく、衣眼も一年分として割当てられた極く僅かの衣料切符で買ひ得たに過ぎなかった。彼等は殆ど重なり合ふ様にして住み……此の様な状態は当然連合国軍人の人々には堪え難く残酷なものとなったが、日本人とっては同程度の影響すら与へなかったのである。（前掲書）

日本赤十字社の改革については、連合軍総司令官が直接介入し、米国赤十字社の代表とともに進められた。改革は主として社則の改正と人事機構の改組によるものであった。

不戦の国の赤十字へ

一九四八年八月、戦後初の赤十字国際会議がストックホルムで開催されたさい、島津忠承社長は「技術顧問」としての立場しか許されなかった。同社長をはじめ日赤代表には日の丸の旗のついた席が用意されていたものの、彼らは表決権も採決権も与えられない「オブザーバーのような形」での参加となった。会議場には、「日本を憎悪してきた感情を隠しきれない人」や、島津社長らに「相当きびしい批難をさえなげつける」代表もいたが、「過去の話はよそうではないか、われわれは将来のことを語ろう」と述べたオーストラリア代表サー・ジョン・モリスのような人物もいた（サンケイ新聞社編『日赤百年』サンケイ新聞社、一九七七年）。

第二次世界大戦後、日本赤十字社は、いわゆる赤十字社としてきわめてユニークな存在となった。日赤は、赤十字社本来の使命とされてきた戦時救護活動をおこなわない赤十字社となった。一九五二年に制定された「日本赤十字社法」第一条は、日本赤十字社の目的を「赤十字に関する諸条約及び赤十字国際会議において決議された諸原則の精神にのっとり、赤十字の理想とする人道的任務を達成すること」と定めている。具体的な業務としては、第二七条において以下の四項目が掲げられた。

一　赤十字に関する諸条約に基く業務に従事すること。

二　非常災害時又は伝染病流行時において、傷病その他の災やくを受けた者の救護を行うこと。

三　常時、健康の増進、疾病の予防、苦痛の軽減その他社会奉仕のために必要な事業を行うこと。

四　前各号に掲げる業務のほか、第一条の目的を達成するために必要な業務。

第一号の業務の内容として、ジュネーブ条約に規定のある戦時救護も含まれる。しかしながら、このような活動を発生させるような事態に日本が直面したことはこれまでになく、したがって、第二号から第四号にある平時業務が主な活動となって今日にいたる。

一九四七年に制定された「災害救助法」第一条には「国が地方公共団体、日本赤十字社……の協力の下に、応急的に、必要な救助を行」うことが規定された。日本赤十字社法成立前に、災害救助が法律により義務づけられたことは、日本赤十字社の戦後の活動の特徴を表わすものとなった。そして、災害救助法の成立のあと、一九六五年六月にこれまでの日本赤十字社の内部規則である「日本赤十字社戦時救護規則」は廃止され、あらたに「日本赤十字社救護規則」が定められ、災害救護の活動の基となった。

赤十字の基本原則

今日、赤十字は以下のような七つの基本原則を掲げている。一九六五年にオーストリアのウィーンで開催された第二〇回赤十字国際会議で採用されたもので、赤十字運動発足からおよそ一〇〇年を経てまとめられたものである。

・人道

国際赤十字・赤新月運動（以下、赤十字・赤新月）は、戦場において差別なく負傷者に救護を与えたいという願いから生まれ、あらゆる状況下において人間の苦痛を予防し軽減することに、国際的および国内的に努力する。その目的は生命と健康を守り、人間の尊重を確保することにある。赤十字・赤新月は、すべての国民間の相互理解、友情、協力、および堅固な平和を助長する。

・公平

赤十字・赤新月は、国籍、人種、宗教、社会的地位または政治上の意見によるいかなる差別をもしない。赤十字・赤新月はただ苦痛の度合いにしたがって個人を救うことに努め、その場合もっとも急を要する困苦をまっさきに取り扱う。

・中立

すべての人からいつも信頼を受けるために、赤十字・赤新月は、戦闘行為の時いずれの側にも加わることを控え、いかなる場合にも政治的、人種的、宗教的または思想的性格の紛争には参加しない。

・独立

赤十字・赤新月は独立である。各国の赤十字社、赤新月社は、その国の政府の人道的事業の補助者であり、その国の法律に従うが、常に赤十字・赤新月の諸原則にしたがって行動できるよう、その自主性を保たなければならない。

・奉仕

赤十字・赤新月は、利益を求めない奉仕的救護組織である。

・単一

いかなる国にもただ一つの赤十字社あるいは赤新月社しかありえない。赤十字社、赤新月社は、すべての人に門戸を開き、その国の全領土にわたって人道的事業を行なわなければならない。

・世界性

赤十字・赤新月は世界的機構であり、その中においてすべての赤十字社、赤新月社は同等の権利を持ち、相互援助の義務を持つ。（日本赤十字社「赤十字基本七原則」）

赤十字運動の原則と実践――エピローグ

赤十字運動は、「ヨーロッパ」「キリスト教起源」「アジアとは異なる政治形態」の地に誕生した、民間の中立的篤志的戦時救護団体であった。西南戦争期に立ち上がった博愛社につづく日本赤十字社の発達は、皇室の全面的な保護なしにはありえなかっただろう。同時に、幕末に締結を余儀なくされた不平等条約を改正し、万国対峙を悲願として、富国強兵を進めようとする国家にとって類まれなる国際機関であった。

赤い十字と異教国

赤十字社の一国一社主義は、翻れば、ジュネーブ条約に加盟できるのは主権国家である。日本が赤十字社の発展とジュネーブ条約加盟に熱心だったのは、この辺りにも理由があると思われる。国際赤十字の檜舞台は、文字通り、極東の小国で「遅れてきた帝国主義国家」であり、非キリスト教・非白人の日本人にとって、おそらく居心地のよい場所だったはずである。

昭憲皇太后の保護のもとで

くわえて、内戦から誕生した近代日本は、戦陣医学・戦傷外科の新たな技術を求めると同時に、明治初頭の国家の危機に際して、できる限り血みどろの生臭い紛争を避けようとする態度が政府側にあったと思われる。内戦であれ国際戦争であれ、その後の「和解」や「関係修復」を考慮すれば、やはり残虐な戦闘は避けたいものである。そのような政府や軍の目論見に、日本の赤十字の創始者は呼応したといえるかもしれない。

赤十字の創始者やその後継者は、白地赤十字章の「十字」がキリスト教の十字とは違う、純然と非宗教なものだと折を見ては強調した。キリシタン弾圧から始まる日本の反キリスト教の、あるいは仏教のような非キリスト教の勢力と折り合いをつけつつ普及することもまた、赤十字社の課題のひとつだった。

少なくとも以上のような歴史的文脈の中で日本赤十字社の創始者たちはよりいっそう皇室からの保護を望んだのであった。幸い、昭憲皇太后は誰よりも赤十字に熱心であった。

同時に、それまで御簾《みす》の奥に隠れていた皇后や皇太后に明治という新時代における役割を与えたのである。

さらに、天皇皇后両陛下が赤十字運動の先駆けをすることで、日本人は日本赤十字社をソフトな国民統合装置としてゆるやかに軍国日本を支えたのであった。上流婦人しか入れない愛国婦人会や、非現役軍人や兵役経験者でなくては加入できない在郷軍人会とも異なる、国民であればだれでも加盟し銃後とその生活を守りためのユニークな組織が日本赤十字社であった。

そして視野を広げれば、日本赤十字社はインターナショナリズムとナショナリズムの双方をその誕生から兼ね備えている組織であった。この性格はあらゆる赤十字社・赤新月社が本来的に兼ね備えているものであるといえる。とりわけ日本赤十字社は、前述したように、インターナショナリズムとナショナリズムを縦軸に、博愛慈善と報国恤兵を横軸においた場合、明治・大正・昭和と著しくベクトルを変えた稀な事例であった。

諸原則と実践

それでは本書を閉じるにあたって、プロローグの二つ目の問いの答えにいたる考え方と実践について解説をしたい。

問い　あなたは、占領した村の治安を守る責任のある部隊長である。ある日、あなたは部下の兵士二人が、パン屋に押し入り、主人に武器を突きつけてパン数個を奪うのを目撃した。二人に尋問したところ、彼らは「二日間なにも食べていないのです」と釈明した。さて、あなたはこれに対しどのように対応するか。

あなたは治安を守る隊長であるから、部下二人が二日前から何も食べていなかったという事実を知っているべきであった。部下に対して責任がある。したがって、まず部隊長として、二人に武器を捨てるように命令し、パン屋に謝罪して、もしいくばくのパンを買わせていただくことができるだろうかと打診する。

同時に、本部に連絡をとって、補給を要請するかたわら、部隊の他の兵士たちの健康チェックをおこない、最終的に二人の部下の兵士への罰則を考えることになるだろう。むろん、右記以外もさまざまな事情や背景が考慮されるべき場合もある。本部にも食料がなく、パン屋にも原料がほとんどない。上官は何の役にもたたないどころか撤退も許可しない。空腹のあまり部下たちは略奪を重ね、強盗すらおこない、被占地の人々の態度がいよいよ硬化し、一触即発の状況に陥ったとしたら、あなたは上官としてどのように対応するか。

占領地も極限状況だといえる。すでにプロローグで述べたように、極限状況で、人間が人間をいかに守ったか・守らなかったのかという問題は、その後の集団間、集団と個人、個人と個人の関係修復に多大な影響をおよぼす。国際関係であっても国内であっても同じである。さらに、戦時や紛争時だけではない。大災害や大事故の後であっても似たような波紋が広がる。そのとき、あなたは、私は、どうふるまえばよいのだろうか。

誤解のないように申し添えておく。奇跡は起こらない。神風など吹かない。いかに困難な状況にあっても、人間を救うのは人間だ。

本編を閉じる前に、読者の皆様に、もう一つの問いを投げかけたい。それは「正義の戦争」という古代の神話が復活しつつある今日的な問題だ。以下にピクテ『国際人道法の発展と諸原則』(日赤会館、二〇〇〇年)から引用する。

現在では禁止されていない武力行使は三種類だけである。つまり、国連による平和回復のための行動及び合法的な自衛のための作戦行動、それに国連の管轄権の及ばない国内紛争である。私たちは戦争を違法化したことを大いに歓迎すべきである。しかし、この成果を得るための代償を忘れてはならない。

一度戦争が違法化されると、いかなる国家も宣戦布告するという罪を負いたがらない。そのため残念ながら、戦争は以前のように繰り返され、当事者は誰も戦争をしていることを認めようとはしなくなる。当然、国家は紛争に加担していることを否定するので、武力紛争法を適用したがらないわけである。

戦争を禁止したもう一つの結果は、『正義の戦争』という古代の神話が再び復活したことである。それは過去に多くの悲劇をもたらしたが、十九世紀に消滅したと思われていた。今日、戦争は既に述べた三つの場合には正当とみなされている。……

実際に戦争が起きた場合には、その惨禍を軽減するためにあらゆる努力をしなければならない。戦争が禁止されるまでは戦争に規制を加えねばならないのである。現実に戦争を廃止できないなら、その惨禍を軽減することは極めて論理的なことである。誰もが消防隊の必要性を認めるように、戦争に備えることは火災を期待し、放火を奨励することとは違うのである。

戦争と赤十字の結びつきを、火事と消防隊にたとえたピクテは「戦争を禁止したもう一つの結果は、『正義の戦争』……が再び復活した」と警告している。正戦論では、敵は罪人であるから残虐行為で報復するのも、略奪するのも妥当であった。実に現在は「正戦論」が復活した時代であるともいえ、私たちの行動が問われている。

あとがき

二〇一九（令和元）年、今上天皇ご即位後、皇后の代替わりにあたって最初の単独公務は全国赤十字大会へのご臨席であった。上皇后もまた赤十字事業に熱心に貢献されてきたことは周知のとおりである。上皇が天皇ご在位時代、上皇后を伴って、さまざまな被災地をご訪問し、膝を折って被災して苦しむ人々を慰め励ましたことは記憶に新しい。

皇室と赤十字社のつながりは今なお強い。他方、我々と日赤のつながりも強い。日赤が献血事業や病院に携わっているからだけではない。

読者は日赤に献金したことがおありだろうか。本文でもふれたように、日赤では醵金者を「社員」と呼び、日赤で働き給与を得ている者を「職員」という。日赤に一度でも献金をしたことがあれば「社員」となる。

地方暮らしの著者のもとには、毎年、決まった月になると隣組を代表して組長が日赤の募金を集めに来る。その額は一〇〇〇円程度で、支払うと即座に領収書を渡される。つまり前もって著者宛ての領収書が用意されているというわけである。

決まった金額を集め、集められるほうも特に違和感を抱かないのはなぜだろう。

理由はいくつかあるだろうが、そのひとつが日赤ひいては皇室に対する信頼の念だろう。「博愛慈善」の精神は、それと知らぬうちに時代を越えて日本人を日本国民たらしめ、赤十字のエンブレムは「報国恤兵」の時代とは異なる皇室と国民の絆を紡ぎ続けているといえよう。

皇室が保護することによって、近代日本における「看護婦」の地位は上昇した。少女たちの中には日赤看護婦を目指すものも少なくなかった。日赤看護婦の地位は軍の階級に合わせてあり、たとえば婦長は尉官級と同格であった。つまり、一等兵や伍長などの下士官は、日赤婦長に対して道を譲り最敬礼をした。給与も同等に支払われた。

ようするに、私のような一国民から、あるいは一看護師から皇后そして皇室をつなぐものが日赤だといえよう。それは戦前から戦後そして今日まで変わらない。国民統合の装置としての日赤はきわめて身近で、かつ独特である。

本書はこれまで発表してきた私のいくつかの論文をもとにしている。また、先行研究に学んだところも多い。さらに詳しく知りたい場合は、主要参考文献の各論考を参照いただきたい。

最後に、本書を上梓するに際して多くの貴重な助言を下さった、軍事史学会会長である黒沢文貴東京女子大学教授に深く感謝の辞を申しあげる。そして、本書の企画段階から出版までの一部始終、著者を励ましてくれた吉川弘文館の編集者である岡庭由佳様に心からの御礼を申しあげたい。

二〇二〇年十月

小菅信子

主要参考文献

・アンリー・デュナン、木内利三郎訳『ソルフェリーノの思い出』（日赤会館、一九六九年）
・五百旗頭真ほか編『日ロ関係史―パラレル・ヒストリーの挑戦』（東京大学出版会、二〇一五年）
・一又正雄「戦犯裁判研究輿論（一）一九二九年捕虜条約準用問題」（『国際法外交雑誌』六六巻一号、一九六七年）
・井上忠男『戦争と救済の文明史』（PHP新書、二〇〇三年）
・梅溪昇「日本と戦時国際条規―明治と昭和の落差」（政治経済史学会編『日本政治経済史学』三四三号、一九九五年）
・大川四郎編訳『欧米人捕虜と赤十字の活躍』（論創社、二〇〇五年）
・沖田行司「杉浦重剛の『理学』思想と排耶論」（同志社大学人文科学研究所編『排耶論の研究』教文館、一九八九年）
・亀山美知子『近代日本看護史Ⅰ　日本赤十字社と看護婦』（ドメス出版、一九八三年）
・川口啓子・黒川章子編『従軍看護婦と日本赤十字社』（文理閣、二〇〇八年）
・川俣馨一『日本赤十字社発達史　全』（明文社、一九一五年）
・喜多義人「日本軍の国際法認識と捕虜の取扱」（平間洋一ほか編『日英交流史　一六〇〇―二〇〇〇〈三〉』東京大学出版会、二〇〇一年）

・北野進『赤十字のふるさと』（雄山閣、二〇〇三年）
・黒沢文貴・河合利修編『日本赤十字社と人道援助』（東京大学出版会、二〇〇九年）
・黒沢文貴『二つの「開国」と日本』（東京大学出版会、二〇一三年）
・国際人道法専門家会議『国際人道法とわが国の課題　報告書』（日本赤十字社、一九九七年）
・小菅信子「総動員と日赤分区」（塩山市史編さん委員会編『塩山市史　通史編　下巻』塩山市、一九九八年）
・小菅信子「〈戦死体〉の発見―人道主義と愛国主義を抱擁させた身体」（石塚久郎・鈴晃仁編『身体医文化論―感覚と欲望』慶応義塾大学出版会、二〇〇二年）
・小菅信子「赤い十字と〈異教国〉」（木畑洋一ほか編『戦争の記憶と捕虜問題』東京大学出版会、二〇〇三年）
・小菅信子「戦地紛争地等における保護標章の複数化と統一（いわゆる赤十字問題）について」（科学研究費補助金（C）二〇〇三―二〇〇五年）
・小菅信子「赤十字標章、赤十字社、植民地」（河合利修編『赤十字史料による人道活動の展開に関する研究報告書』二〇〇七年）
・小菅信子「迅速且完全なる壊滅―長崎の惨禍と初期医療救護」（『軍事史学　特集　軍事と衛生』四六―二号、二〇一〇年）
・小菅信子「『保護標章問題』についてのノート―政治文化史的視点から」（政治行政学科創立二十周年記念号『法学論集』二〇一一年）

・小菅信子編著『原典で読む　二〇世紀の平和思想』（岩波書店、二〇一五年）
・サンケイ新聞社編『日赤百年』（サンケイ新聞社、一九七七年）
・ジェイン・フラワー、小菅信子訳「日本軍の英軍捕虜　一九四一―一九四五年」（木畑洋一ほか編『日英交流史一六〇〇―二〇〇〇　政治外交Ⅱ』東京大学出版会、二〇〇〇年）
・下斗米伸夫編『日ロ関係　歴史と現代』（法政大学出版局、二〇一五年）
・ジャン・ピクテ、井上益太郎訳『赤十字の諸原則』（日本赤十字社、一九五八年）
・赤十字国際委員会『国際人道法』（日本赤十字社国際部、二〇〇一年）
・竹中正夫「排耶論にこたえた宣教師たち―M・L・ゴードンとJ・L・アッキンソンの場合」（同志社大学人文科学研究所編『排耶論の研究』教文館、一九八九年）
・田中忠「我が国における戦争法の受容と実践」（大沼保昭編『国際法、国際連合と日本』弘文堂、一九八七年）
・西野香織「日本陸軍における軍医制度の成立」（『軍事史学』二六巻一号、一九九〇年）
・日本赤十字社『日本赤十字社社史稿』（日本赤十字社、一九一一年）
・日本赤十字社『日本赤十字社社史稿』5（日本赤十字社、一九六九年）
・日本赤十字社『日本赤十字社社史稿』6（日本赤十字社、一九七二年）
・日本赤十字社『人道―その歩み　日本赤十字社百年史』（日本赤十字社、一九七九年）
・博愛社編、神部務著『日本赤十字社沿革史』（博愛社、一九〇三年）
・秦郁彦「日本赤十字社と戦時救護」（河合利修編『赤十字史料による人道活動の展開に関する研究報

告書』二〇〇八年）
・原武史「〈礼楽〉としての『日の丸・君が代』」（『世界』六六二号、一九九九年）
・吹浦忠正『捕虜の文明史』（新潮社、一九九〇年）
・藤村道生「日清戦争」（『岩波講座日本歴史一六 近代三』岩波書店、一九七六年）
・枡居孝『世界と日本の赤十字』（タイムス、一九九九年）
・明治教育史研究会編『杉浦重剛全集』一巻（杉浦重剛全集刊行会、一九八三年）
・山口輝臣『明治国家と宗教』（東京大学出版会、一九九九年）
・吉川龍子『日赤の創始者　佐野常民』（吉川弘文館、二〇〇一年）
・吉田裕「『国民皆兵』の理念と徴兵制」（由井正臣・藤原彰・吉田裕校注『日本近代思想大系4　軍隊兵士』岩波書店、一九八九年）
・吉田裕「南京事件と国際法」（洞富雄ほか『南京大虐殺の研究』晩声社、一九九二年）
・若桑みどり『皇后の肖像―昭憲皇太后の表象と女性の国民化』（筑摩書房、二〇〇一年）

・Boissier, Pierre, *From Solferino to Tsushima, History of the International Committee of the Red Cross* (Geneva, 1985).
・Bouvier, Antoine, "*Unity and plurality of the emblems*", ICRC Review, No. 289 (1992).
・Bouvier, Antoine, "*Special aspects of the use of the red cross or red crescent emblem*", ICRC Review, No. 272 (1989).

- Bugnion, François, *The Emblem of the Red Cross: A brief history* (Geneva, 1977).
- Bugnion, François, "The red cross and red cresent emblem", International Review of the Red Cross, No. 272 (1989).
- Bugnion, François, *Towards a Comprehensive Solution to the Question of the Emblem* (Geneva, 2000) (translation of the article published in ICRC Review, No. 838, 2000).
- Checkland, Olive, *Humanitarianism and the Emperor's Japan, 1877-1977* (Campbell Thomas & Mclaughlin, London, 1994).
- Doufour, D et al.: *Surgery For Victims of War* (Geneva, 1988:1990, Third edition revised and edited by Å, Molde, 1998).
- Hutchinson F, John, *Champions of Charity: War and the Rise of the Red Cross* (Westview Press, Boulder, Colorado, 1996).
- Kosuge M, Nobuko, "The "non-religious" red cross emblem and Japan", ICRC Review, No. 849 (2003).
- Morris, Peter (ed.), *First Aid to the Battlefront, Life and Letters of Sir Vincent Kennett-Barrington 1844-1903* (London, 1992).
- Röling, B.V.A (edited and an introduction by A, Cassese), *The Tokyo Trial and Beyond:Reflection of a Peacemonger* (Cambridge, 1993).
- Schindler, Dietrich and Toman, Jiri (eds.), *The Laws of Armed Conflicts, A Collection of Conventions, Resolutions and Other Documents* (Geneva, 1973).

・Siordet, Frederic, *Inter Arma Caritas, the work of the International Committee of the Red Cross during the Second World War*, ICRC（Geneva, 1948）(popular edition, 1973).

・Towle, Philip, "*Japanese Treatment of Prisoners in 1904-1905, Foreign Officers' Research*", Military Affairs 39-3（1975）.

・*Report of the International Committee of the Red Cross on its Activities during the Second World War*（September 1939-June 1947）, vol. 1, General Activities, May 1948.

著者紹介

一九六〇年、東京都生まれ
一九九二年、上智大学大学院文学研究科史学専攻博士後期課程修了
現在、山梨学院大学法学部教授

〔主要著書〕
『戦後和解』（中央公論新社、二〇〇五年）
『ポピーと桜』（岩波書店、二〇〇八年）
『一四歳からの靖国問題』（筑摩書房、二〇一〇年）
『放射能とナショナリズム』（彩流社、二〇一四年）

歴史文化ライブラリー
505

日本赤十字社と皇室
博愛か報国か

二〇二一年（令和三）二月一日　第一刷発行

著　者　小《こ》菅《すげ》信《のぶ》子《こ》
発行者　吉川道郎
発行所　株式会社　吉川弘文館
東京都文京区本郷七丁目二番八号
郵便番号一一三—〇〇三三
電話〇三—三八一三—九一五一〈代表〉
振替口座〇〇一〇〇—五—二四四
http://www.yoshikawa-k.co.jp/
印刷＝株式会社 平文社
製本＝ナショナル製本協同組合
装幀＝清水良洋・宮崎萌美

ISBN978-4-642-05905-3

歴史文化ライブラリー

1996. 10

刊行のことば

現今の日本および国際社会は、さまざまな面で大変動の時代を迎えておりますが、近づきつつある二十一世紀は人類史の到達点として、物質的な繁栄のみならず文化や自然・社会環境を謳歌できる平和な社会でなければなりません。しかしながら高度成長・技術革新にともなう急激な変貌は「自己本位な刹那主義」の風潮を生みだし、先人が築いてきた歴史や文化に学ぶ余裕もなく、いまだ明るい人類の将来が展望できていないようにも見えます。このような状況を踏まえ、よりよい二十一世紀社会を築くために、人類誕生から現在に至る「人類の遺産・教訓」としてのあらゆる分野の歴史と文化を「歴史文化ライブラリー」として刊行することといたしました。

小社は、安政四年（一八五七）の創業以来、一貫して歴史学を中心とした専門出版社として書籍を刊行しつづけてまいりました。その経験を生かし、学問成果にもとづいた本叢書を刊行し社会的要請に応えて行きたいと考えております。

現代は、マスメディアが発達した高度情報化社会といわれますが、私どもはあくまでも活字を主体とした出版こそ、ものの本質を考える基礎と信じ、本叢書をとおして社会に訴えてまいりたいと思います。これから生まれでる一冊一冊が、それぞれの読者を知的冒険の旅へと誘い、希望に満ちた人類の未来を構築する糧となれば幸いです。

吉川弘文館

歴史文化ライブラリー

近・現代史

江戸無血開城 本当の功労者は誰か？――岩下哲典
五稜郭の戦い 蝦夷地の終焉――菊池勇夫
水戸学と明治維新――吉田俊純
大久保利通と明治維新――佐々木 克
刀の明治維新 「帯刀」は武士の特権か？――尾脇秀和
維新政府の密偵たち 御庭番と警察のあいだ――大日方純夫
京都に残った公家たち 華族の近代――刑部芳則
文明開化 失われた風俗――百瀬 響
西南戦争 戦争の大義と動員される民衆――猪飼隆明
大久保利通と東アジア 国家構想と外交戦略――勝田政治
明治の政治家と信仰 クリスチャン民権家の肖像――小川原正道
文明開化と差別――今西 一
大元帥と皇族軍人 明治編――小田部雄次
皇居の近現代史 開かれた皇室像の誕生――河西秀哉
日本赤十字社と皇室 博愛か報国か――小菅信子
神都物語 伊勢神宮の近現代史――ジョン・ブリーン
陸軍参謀 川上操六 日清戦争の作戦指導者――大澤博明
日清・日露戦争と写真報道 戦場を駆ける写真師たち――井上祐子
公園の誕生――小野良平
啄木短歌に時代を読む――近藤典彦
鉄道忌避伝説の謎 汽車が来た町、来なかった町――青木栄一
軍隊を誘致せよ 陸海軍と都市形成――松下孝昭
お米と食の近代史――大豆生田 稔
日本酒の近現代史 酒造地の誕生――鈴木芳行
失業と救済の近代史――加瀬和俊
近代日本の就職難物語 「高等遊民」になるけれど――町田祐一
選挙違反の歴史 ウラからみた日本の一〇〇年――季武嘉也
海外観光旅行の誕生――有山輝雄
関東大震災と戒厳令――松尾章一
難民たちの日中戦争 戦火に奪われた日常――芳井研一
昭和天皇とスポーツ 〈玉体〉の近代史――坂上康博
大元帥と皇族軍人 大正・昭和編――小田部雄次
昭和陸軍と政治 「統帥権」というジレンマ――高杉洋平
海軍将校たちの太平洋戦争――手嶋泰伸
松岡洋右と日米開戦 大衆政治家の功と罪――服部 聡
地図から消えた島々 幻の日本領と南洋探検家たち――長谷川亮一
自由主義は戦争を止められるのか 芦田均・清沢洌・石橋湛山――上田美和

歴史文化ライブラリー

モダン・ライフと戦争 スクリーンのなかの女性たち——宜野座菜央見
彫刻と戦争の近代——平瀬礼太
軍用機の誕生 日本軍の航空戦略と技術開発——水沢 光
首都防空網と〈空都〉多摩——鈴木芳行
帝都防衛 戦争・災害・テロ——土田宏成
陸軍登戸研究所と謀略戦 科学者たちの戦争——渡辺賢二
帝国日本の技術者たち——沢井 実
〈いのち〉をめぐる近代史 堕胎から人工妊娠中絶へ——岩田重則
強制された健康 日本ファシズム下の生命と身体——藤野 豊
戦争とハンセン病——藤野 豊
「自由の国」の報道統制 大戦下の日系ジャーナリズム——水野剛也
海外戦没者の戦後史 遺骨帰還と慰霊——浜井和史
学徒出陣 戦争と青春——蜷川壽惠
特攻隊の〈故郷〉 霞ヶ浦・筑波山・北浦・鹿島灘——伊藤純郎
沖縄戦 強制された「集団自決」——林 博史
陸軍中野学校と沖縄戦 知られざる少年兵「護郷隊」——川満 彰
沖縄からの本土爆撃 米軍出撃基地の誕生——林 博史
原爆ドーム 物産陳列館から広島平和記念碑へ——頴原澄子
米軍基地の歴史 世界ネットワークの形成と展開——林 博史
沖縄米軍基地全史——野添文彬
沖縄 占領下を生き抜く 軍用地・通貨・毒ガス——川平成雄
考証 東京裁判 戦争と戦後を読み解く——宇田川幸大
昭和天皇退位論のゆくえ——冨永 望
ふたつの憲法と日本人 戦前・戦後の憲法観——川口暁弘
戦後文学のみた〈高度成長〉——伊藤正直
首都改造 東京の再開発と都市政治——源川真希
鯨を生きる 鯨人の個人史・鯨食の同時代史——赤嶺 淳
文化財報道と新聞記者——中村俊介

文化史・誌

落書きに歴史をよむ——三上喜孝
霊場の思想——佐藤弘夫
跋扈《ばっこ》する怨霊 祟りと鎮魂の日本史——山田雄司
将門伝説の歴史——樋口州男
藤原鎌足、時空をかける 変身と再生の日本史——黒田 智
変貌する清盛 『平家物語』を書きかえる——樋口大祐
空海の文字とことば——岸田知子
日本禅宗の伝説と歴史——中尾良信
殺生と往生のあいだ 中世仏教と民衆生活——苅米一志

歴史文化ライブラリー

- 浦島太郎の日本史――三舟隆之
- 〈ものまね〉の歴史 仏教・笑い・芸能――石井公成
- 戒名のはなし――藤井正雄
- 墓と葬送のゆくえ――森 謙二
- 運 慶 その人と芸術――副島弘道
- ほとけを造った人びと 止利仏師から運慶・快慶まで――根立研介
- 祇園祭 祝祭の京都――川嶋將生
- 洛中洛外図屛風 つくられた〈京都〉を読み解く――小島道裕
- 化粧の日本史 美意識の移りかわり――山村博美
- 乱舞の中世 白拍子・乱拍子・猿楽――沖本幸子
- 神社の本殿 建築にみる神の空間――三浦正幸
- 古建築を復元する 過去と現在の架け橋――海野 聡
- 大工道具の文明史 日本・中国・ヨーロッパの建築技術――渡邉 晶
- 苗字と名前の歴史――坂田 聡
- 日本人の姓・苗字・名前 人名に刻まれた歴史――大藤 修
- 大相撲行司の世界――根間弘海
- 日本料理の歴史――熊倉功夫
- 日本の味 醤油の歴史――林 玲子・天野雅敏 編
- 中世の喫茶文化 儀礼の茶から「茶の湯」へ――橋本素子
- 香道の文化史――本間洋子
- 天皇の音楽史 古代・中世の帝王学――豊永聡美
- 流行歌の誕生 「カチューシャの唄」とその時代――永嶺重敏
- 話し言葉の日本史――野村剛史
- 柳宗悦と民藝の現在――松井 健
- 遊牧という文化 移動の生活戦略――松井 健
- マザーグースと日本人――鷲津名都江
- たたら製鉄の歴史――角田徳幸
- 金属が語る日本史 銭貨・日本刀・鉄炮――齋藤 努
- 書物と権力 中世文化の政治学――前田雅之
- 書物に魅せられた英国人 フランク・ホーレーと日本文化――横山 學
- 災害復興の日本史――安田政彦

民俗学・人類学

- 日本人の誕生 人類はるかなる旅――埴原和郎
- 倭人への道 人骨の謎を追って――中橋孝博
- 神々の原像 祭祀の小宇宙――新谷尚紀
- 役行者と修験道の歴史――宮家 準
- 幽霊 近世都市が生み出した化物――髙岡弘幸
- 雑穀を旅する――増田昭子

歴史文化ライブラリー

川は誰のものか 人と環境の民俗学——菅 豊
名づけの民俗学 地名・人名はどう命名されてきたか——田中宣一
番と衆 日本社会の東と西——福田アジオ
記憶すること・記録すること 聞き書き論ノート——香月洋一郎
番茶と日本人——中村羊一郎
柳田国男 その生涯と思想——川田 稔

世界史

神々と人間のエジプト神話 魔法・冒険・復讐の物語——大城道則
中国古代の貨幣 お金をめぐる人びとと暮らし——柿沼陽平
渤海国とは何か——古畑 徹
古代の琉球弧と東アジア——山里純一
アジアのなかの琉球王国——高良倉吉
琉球国の滅亡とハワイ移民——鳥越皓之
フランスの中世社会 王と貴族たちの軌跡——渡辺節夫
ヒトラーのニュルンベルク 第三帝国の光と闇——芝 健介
人権の思想史——浜林正夫

各冊一七〇〇円～二〇〇〇円（いずれも税別）
▽残部僅少の書目も掲載してあります。品切の節はご容赦下さい。
▽品切書目の一部について、オンデマンド版の販売も開始しました。
詳しくは出版図書目録、または小社ホームページをご覧下さい。